LE ROI S'AMUSE,

DRAME EN CINQ ACTES,

PAR M. VICTOR HUGO,

Représenté pour la première fois, à Paris, sur le Théâtre-Français, le 22 novembre 1832.

PERSONNAGES.

FRANÇOIS PREMIER.
TRIBOULET.
BLANCHE.
M. DE SAINT-VALLIER.
SALTABADIL.
MAGUELONNE.
CLÉMENT MAROT.
M. DE PIENNE.
M. DE GORDES.
M. DE PARDAILLAN.
M. DE BRION.

M. DE MONTCHENU.
M. DE MONTMORENCY.
M. DE COSSÉ.
M. DE LA TOUR-LANDRY.
MADAME DE COSSÉ.
DAME BÉRARDE.
UN GENTILHOMME DE LA REINE.
UN VALET DU ROI.
UN MÉDECIN.
SEIGNEURS, PAGES, GENS DU PEUPLE.

Paris. — 182..

ACTE PREMIER.

Une fête de nuit au Louvre. Salles magnifiques pleines d'hommes et de femmes en parure. Flambeaux, musique, danses, éclats de rire. — Des valets portant des plats d'or et des vaisselles d'émail, des groupes de seigneurs et de dames passent et repassent sur le théâtre. — La fête tire à sa fin ; l'aube blanchit les vitraux. Une certaine liberté règne ; la fête a un peu le caractère d'une orgie. — Dans l'architecture, dans les ameublements, dans les vêtements, le goût de la renaissance.

SCÈNE I.

LE ROI — *comme l'a peint Titien.* — M. DE LA TOUR-LANDRY.

LE ROI.

Comte, je veux mener à fin cette aventure.
Une femme bourgeoise et de naissance obscure,
Sans doute, mais charmante !

M. DE LA TOUR-LANDRY.

Et vous la rencontrez
Le dima...   l'église ?

LE ROI.

A Saint-Germain-des-Prés.

J'y vais   e dimanche.

J. DE LA TOUR-LANDRY.

Et voilà tout à l'heure
Deux mois ... cela dure ?

LE ROI.

Oui.

M. DE LA TOUR-LANDRY.

La belle demeure ?...

LE ROI.

Au cul-de-sac Bussy.

M. DE LA TOUR-LANDRY.

Près de l'hôtel Cossé ?

LE ROI, *avec un signe affirmatif.*

Dans l'endroit où l'on trouve un grand mur.

M. DE LA TOUR-LANDRY.

Ah ! je sai.

Et vous la suivez, sire ?

LE ROI.

Une farouche vieille
Qui lui garde les yeux, et la bouche, et l'oreille,
Est toujours là.

M. DE LA TOUR-LANDRY.
Vraiment?
LE ROI.
Et le plus curieux,
C'est que le soir, un homme, à l'air mystérieux,
Très-bien enveloppé, pour se glisser dans l'ombre,
D'une cape fort noire et de la nuit fort sombre,
Entre dans la maison.
M. DE LA TOUR-LANDRY.
Hé, faites de même!
LE ROI.
Hein!
La maison est fermée et murée au prochain!
M. DE LA TOUR-LANDRY.
Par votre majesté quand la dame est suivie,
Vous a-t-elle parfois donné signe de vie?
LE ROI.
Mais à certains regards, je crois, sans trop d'erreur
Qu'elle n'a pas pour moi d'insurmontable horreur.
M. DE LA TOUR-LANDRY.
Sait-elle que le roi l'aime?
LE ROI, *avec un signe négatif.*
Je me déguise
D'une livrée en laine et d'une robe grise.
M. DE LA TOUR-LANDRY, *riant.*
Je vois que vous aimez d'un amour épuré
Quelque auguste Toinon, maîtresse d'un curé!
Entrent plusieurs seigneurs et Triboulet.
LE ROI, *à M. de la Tour-Landry.*
Chut! on vient. — En amour il faut savoir se taire
Quand on veut réussir.
Se tournant vers Triboulet, qui s'est approché pendant ces dernières paroles et les a entendues.
N'est-ce pas?
TRIBOULET.
Le mystère
Est la seule enveloppe où la fragilité
D'une intrigue d'amour puisse être en sûreté!

SCÈNE II.

LE ROI, TRIBOULET, M. DE GORDES, PLUSIEURS SEIGNEURS. *Les seigneurs superbement vêtus. Triboulet, dans son costume de fou, comme l'a peint Boniface.*

Le roi regarde passer un groupe de femmes.

M. DE LA TOUR-LANDRY.
Madame de Vendosme est divine!
M. DE GORDES.
Mesdames
D'Albe et de Montchevreuil sont de fort belles femmes.
LE ROI.
Madame de Cossé les passe toutes trois.
M. DE GORDES.
Madame de Cossé! sire, baissez la voix.
Lui montrant M. de Cossé qui passe au fond du théâtre.
— M. de Cossé, court et ventru, *un des quatre plus gros gentilshommes de France*, dit Brantôme.
Le mari vous entend.

LE ROI.
Hé, mon cher Simiane,
Qu'importe!
M. DE GORDES.
Il l'ira dire à madame Diane.
LE ROI.
Qu'importe!
Il va au fond du théâtre parler à d'autres femmes qui passent.
TRIBOULET, *à M. de Gordes.*
Il va fâcher Diane de Poitiers.
Il ne lui parle pas depuis huit jours entiers.
M. DE GORDES.
S'il l'allait renvoyer à son mari?
TRIBOULET.
J'espère
Que non.
M. DE GORDES.
Elle a payé la grâce de son père.
Partant quitte.
TRIBOULET.
A propos du sieur de Saint-Vallier,
Quelle idée avait-il, ce vieillard singulier,
De mettre dans un lit nuptial sa Diane,
Sa fille, une beauté choisie et diaphane,
Un ange, que du ciel la terre avait reçu,
Tout pêle-mêle avec un sénéchal bossu!
M. DE GORDES.
C'est un vieux fou. — J'étais sur son échafaud même
Quand il reçut sa grâce. — Un vieillard grave et blême.
— J'étais plus près de lui que je ne suis de toi.
— Il ne dit rien, sinon : Que Dieu garde le roi!
Il est fou maintenant tout à fait.
LE ROI, *passant avec madame de Cossé.*
Inhumaine!
Vous partez!
MADAME DE COSSÉ, *soupirant.*
Pour Soissons, où mon mari m'emmène.
LE ROI.
N'est-ce pas une honte, alors que tout Paris,
Et les plus grands seigneurs et les plus beaux esprits
Fixent sur vous des yeux pleins d'amoureuse envie,
A l'instant le plus beau d'une si belle vie,
Quand tous faiseurs de duels et de sonnets, pour vous,
Gardent leurs plus beaux vers et leurs plus fameux [coups,
A l'heure où vos beaux yeux, semant partout les flam- [mes,
Font sur tous leurs amants veiller toutes les femmes,
Que vous, qui d'un tel lustre éblouissez la cour
Que, ce soleil parti, l'on doute s'il fait jour,
Vous alliez, méprisant duc, empereur, roi, prince,
Briller, astre bourgeois, dans un ciel de province!
MADAME DE COSSÉ.
Calmez-vous!
LE ROI.
Non, non, rien. Caprice original
Que d'éteindre le lustre au beau milieu du bal!
Entre M. de Cossé.
MADAME DE COSSÉ.
Voici mon jaloux, sire!
Elle quitte vivement le roi.
LE ROI.
Ah! le diable ait son âme!
A Triboulet.
Je n'en ai pas moins fait un quatrain à sa femme!

Marot t'a-t-il montré ces derniers vers de moi?...

TRIBOULET.

Je ne lis pas de vers de vous. — Des vers de roi
Sont toujours très-mauvais.

LE ROI.

Drôle !

TRIBOULET.

Que la canaille
Fasse rimer amour et jour vaille que vaille.
Mais près de la beauté gardez vos lots divers,
Sire, faites l'amour, Marot fera les vers.
Roi qui rime déroge.

LE ROI, *avec enthousiasme.*

Ah ! rimer pour les belles
Cela hausse le cœur. — Je veux mettre des ailes
A mon donjon royal.

TRIBOULET.

C'est en faire un moulin.

LE ROI.

Si je ne voyais là madame de Coislin,
Je te ferais fouetter.

Il court à madame de Coislin et paraît lui adresser quelques galanteries.

TRIBOULET, *à part.*

Suis le vent qui t'emporte
Aussi vers celle-là !

M. DE GORDES, *s'approchant de Triboulet, et lui faisant remarquer ce qui se passe au fond du théâtre.*

Voici par l'autre porte
Madame de Cossé. Je te gage ma foi
Qu'elle laisse tomber son gant pour que le roi
Le ramasse.

TRIBOULET.

Observons.

Madame de Cossé, qui voit avec dépit les attentions du roi pour madame de Coislin, laisse en effet tomber son bouquet. Le roi quitte madame de Coislin et ramasse le bouquet de madame de Cossé, avec qui il entame une conversation qui paraît fort tendre.

M. DE GORDES, *à Triboulet.*

L'ai-je dit ?

TRIBOULET.

Admirable !

M. DE GORDES.

Voilà le roi repris !

TRIBOULET.

Une femme est un diable
Très-perfectionné.

Le roi serre la taille de madame de Cossé et lui baise la main. Elle rit et babille gaiement. Tout à coup M. de Cossé entre par la porte du fond ; M. de Gordes le fait remarquer à Triboulet. — M. de Cossé s'arrête l'œil fixé sur le groupe du roi et de sa femme.

M. DE GORDES, *à Triboulet.*

Le mari !

MADAME DE COSSÉ, *apercevant son mari, au Roi, qui la tient presque embrassée.*

Quittons-nous !

Elle glisse des mains du roi et s'enfuit.

TRIBOULET.

Que vient-il faire ici, ce gros ventru jaloux !

Le roi s'approche d'un buffet au fond, et se fait verser à boire.

M. DE COSSÉ, *s'avançant sur le devant du théâtre tout rêveur.*

A part.

Que se disaient-ils ?

Il s'approche avec vivacité de M. de la Tour-Landry, qui lui fait signe qu'il a quelque chose à lui dire.

Quoi ?

M. DE LA TOUR-LANDRY, *mystérieusement.*

Votre femme est bien belle !

M. de Cossé se rebiffe et va à M. de Gordes, qui paraît avoir aussi quelque chose à lui confier.

M. DE GORDES, *bas.*

Qu'est-ce donc qui vous trotte ainsi par la cervelle ?
Pourquoi regardez-vous si souvent de côté ?

M. de Cossé le quitte avec humeur et se trouve face à face avec Triboulet, qui l'attire d'un air discret dans un coin du théâtre, pendant que MM. de Gordes et de la Tour-Landry rient à gorge déployée.

TRIBOULET, *bas à M. de Cossé.*

Monsieur, vous avez l'air tout encharibotté !

Il éclate de rire et tourne le dos à M. de Cossé, qui sort furieux.

LE ROI, *revenant.*

Oh ! que je suis heureux ! Près de moi, non, Hercules
Et Jupiter ne sont que des fats ridicules !
L'Olympe est un taudis ! — Ces femmes, c'est char-
Je suis heureux ! et toi ? [mant.

TRIBOULET.

Considérablement.

Je ris tout bas du bal, des jeux, des amourettes ;
Moi, je critique, et vous, vous jouissez ; vous êtes
Heureux comme un roi, sire, et moi, comme un bossu.

LE ROI.

Jour de joie où ma mère en riant m'a conçu !

Regardant M. de Cossé, qui sort.

Ce monsieur de Cossé, seul, dérange la fête.
Comment te semble-t-il ?

TRIBOULET.

Outrageusement bête.

LE ROI.

Ah ! n'importe ! excepté ce jaloux, tout me plaît.
Tout pouvoir, tout vouloir, tout avoir ! Triboulet !
Quel plaisir d'être au monde, et qu'il fait bon de vivre !
Quel bonheur !

TRIBOULET.

Je crois bien, sire, vous êtes ivre !

LE ROI.

Mais, là-bas, j'aperçois... les beaux yeux ! les beaux
TRIBOULET. [bras !

Madame de Cossé ?

LE ROI.

Viens, tu nous garderas !

Il chante.

Vivent les gais dimanches
Du peuple de Paris !
Quand les femmes sont blanches....

TRIBOULET, *chantant.*

Quand les hommes sont gris !

Ils sortent. Entrent plusieurs gentilshommes.

SCÈNE III.

M. DE GORDES, M. DE PARDAILLAN, *jeune page blond*; M. DE VIC, MAÎTRE CLÉMENT MAROT, *en habit de valet-de-chambre du roi; puis* M. DE PIENNE; *un ou deux autres gentilshommes. De temps en temps* M. DE COSSÉ *qui se promène d'un air rêveur et très-sérieux.*

CLÉMENT MAROT, *saluant M. de Gordes.*
Que savez-vous, ce soir?
M. DE GORDES.
Rien; que la fête est belle
Et que le roi s'amuse.
MAROT.
Ah! c'est une nouvelle!
Le roi s'amuse? Ah diable!
M. DE COSSÉ, *qui passe derrière eux.*
Et c'est très-malheureux,
Car un roi qui s'amuse est un roi dangereux.
Il passe outre.
M. DE GORDES.
Ce pauvre gros Cossé me met la mort dans l'âme.
MAROT, *bas.*
Il paraît que le roi serre de près sa femme?
M. de Gordes lui fait un signe affirmatif. Entre M. de Pienne.
M. DE GORDES.
Hé, voilà ce cher duc!
Ils se saluent.
M. DE PIENNE, *d'un air mystérieux.*
Mes amis! du nouveau!
Une chose à brouiller le plus sage cerveau!
Une chose admirable! une chose risible!
Une chose amoureuse! une chose impossible!
M. DE GORDES.
Quoi donc?
M. DE PIENNE.
Il les ramasse en groupe autour de lui.
Chut!
A Marot, qui est allé causer avec d'autres dans un coin.
Venez çà, maître Clément Marot!
MAROT, *approchant.*
Que me veut monseigneur?
M. DE PIENNE.
Vous êtes un grand sot!
MAROT.
Je ne me croyais grand en aucune manière.
M. DE PIENNE.
J'ai lu, dans votre écrit du siége de Peschière,
Ces vers sur Triboulet : « Fou de tête écorné,
Aussi sage à trente ans que le jour qu'il est né... — »
Vous êtes un grand sot!
MAROT.
Que Cupido me damne
Si je vous comprends!
M. DE PIENNE.
Soit.
A M. de Gordes.
Monsieur de Simiane,
A M. de Pardaillan.
Monsieur de Pardaillan,
M. de Gordes, M. de Pardaillan, Marot et M. de Cossé, qui est venu se joindre au groupe, font cercle autour du duc.
Devinez, s'il vous plait.
Une chose inouïe arrive à Triboulet.
M. DE PARDAILLAN.
Il est devenu droit?
M. DE COSSÉ.
On l'a fait connétable?
MAROT.
On l'a servi tout cuit par hasard sur la table?
M. DE PIENNE.
Non, c'est plus drôle. Il a... — Devinez ce qu'il a. —
C'est incroyable!
M. DE GORDES.
Un duel avec Gargantua?
M. DE PIENNE.
Point.
M. DE PARDAILLAN.
Un singe plus laid que lui?
M. DE PIENNE.
Non pas.
MAROT.
Sa poche
Pleine d'écus?
M. DE COSSÉ.
L'emploi du chien du tourne-broche?
MAROT.
Un rendez-vous avec la Vierge au paradis?
M. DE GORDES.
Une âme, par hasard?
M. DE PIENNE.
Je vous le donne en dix!
Triboulet le bouffon, Triboulet le difforme,
Cherchez bien ce qu'il a... — quelque chose d'énorme!
MAROT.
Sa bosse?
M. DE PIENNE.
Non. Il a... — Je vous le donne en cent! —
Une maîtresse!
Tous éclatent de rire.
MAROT.
Ah! ah! Le duc est fort plaisant.
M. DE PARDAILLAN.
Le bon conte!
M. DE PIENNE.
Messieurs, j'en jure sur mon âme,
Et je vous ferai voir la porte de la dame.
Il y va tous les soirs, vêtu d'un manteau brun,
L'air sombre et furieux, comme un poète à jeun.
Je lui veux faire un tour. Rôdant, à la nuit close,
Près de l'hôtel Cossé, j'ai découvert la chose.
Gardez-moi le secret.
MAROT.
Quel sujet de rondeau!
Quoi! Triboulet la nuit se change en Cupido!
M. DE PARDAILLAN, *riant.*
Une femme à messer Triboulet!
M. DE GORDES, *riant.*
Une selle
Sur un cheval de bois!

MAROT, *riant.*

Je crois que la donzelle,
Si quelque autre Bedfort débarquait à Calais,
Aurait tout ce qu'il faut pour chasser les Anglais!

Tous rient. Survient M. de Vic. M. de Pienne met son doigt sur sa bouche.

M. DE PIENNE.

Chut!

M. DE PARDAILLAN, *à M. de Pienne.*

D'où vient que le roi sort aussi vers la brune
Tous les jours, et tout seul, comme cherchant fortune?

M. DE PIENNE.

Vic nous dira cela.

M. DE VIC.

Ce que je sais d'abord,
C'est que Sa Majesté paraît s'amuser fort.

M. DE COSSÉ.

Ah! ne m'en parlez pas!

M. DE VIC.

Mais, que je me soucie
De quel côté le vent pousse sa fantaisie,
Pourquoi le soir il sort, dans sa cape d'hiver,
Méconnaissable en tout de vêtements et d'air,
Si de quelque fenêtre il se fait une porte,
N'étant pas marié, mes amis, que m'importe!

M. DE COSSÉ, *hochant la tête.*

Un roi,—les vieux seigneurs, messieurs, savent cela,—
Prend toujours chez quelqu'un tout le plaisir qu'il a.
Gare à quiconque a sœur, femme ou fille à séduire!
Un puissant en gaîté ne peut songer qu'à nuire.
Il est bien des sujets de craindre là-dedans.
D'une bouche qui rit on voit toutes les dents.

M. DE VIC, *bas aux autres.*

Comme il a peur du roi!

M. DE PARDAILLAN.

Sa femme fort charmante
En a moins peur que lui.

MAROT.

C'est ce qui l'épouvante.

M. DE GORDES.

Cossé, vous avez tort. Il est très-important
De maintenir le roi gai, prodigue et content.

M. DE PIENNE, *à M. de Gordes.*

Je suis de ton avis, comte! un roi qui s'ennuie,
C'est une fille en noir, c'est un été de pluie.

M. DE PARDAILLAN.

C'est un amour sans duel.

M. DE VIC.

C'est un flacon plein d'eau.

MAROT, *bas.*

Le roi revient avec Triboulet-Cupido.

Entrent le roi et Triboulet. Les courtisans s'écartent avec respect.

SCÈNE IV.

LES MÊMES, LE ROI, TRIBOULET.

TRIBOULET, *entrant, et comme poursuivant une conversation commencée.*

Des savants à la cour! monstruosité rare!

LE ROI.

Fais entendre raison à ma sœur de Navarre.
Elle veut m'entourer de savants.

TRIBOULET.

Entre nous,
Convenez de ceci,—que j'ai bu moins que vous.
Donc, sire, j'ai sur vous, pour bien juger les choses,
Dans tous leurs résultats et dans toutes leurs causes,
Un avantage immense, et même deux, je croi,
C'est de n'être pas gris, et de n'être pas roi.
— Plutôt que des savants, ayez ici la peste,
La fièvre, et cætera!

LE ROI.

L'avis est un peu leste.
Ma sœur veut m'entourer de savants!

TRIBOULET.

C'est bien mal
De la part d'une sœur. — Il n'est pas d'animal,
Pas de corbeau goulu, pas de loup, pas de chouette,
Pas d'oison, pas de bœuf, pas même de poète,
Pas de mahométan, pas de théologien,
Pas d'échevin flamand, pas d'ours et pas de chien,
Plus laid, plus chevelu, plus repoussant de formes,
Plus caparaçonné d'absurdités énormes,
Plus hérissé, plus sale et plus gonflé de vent,
Que cet âne bâté qu'on appelle un savant!
—Manquez-vous de plaisirs, de pouvoir, de conquêtes,
Et de femmes en fleur pour parfumer vos fêtes!

LE ROI.

Hai... ma sœur Marguerite un soir m'a dit très-bas
Que les femmes toujours ne me suffiraient pas,
Et quand je m'ennuierai...

TRIBOULET.

Médecine inouïe!
Conseiller les savants à quelqu'un qui s'ennuie!
Madame Marguerite est, vous en conviendrez,
Toujours pour les partis les plus désespérés.

LE ROI.

Hé bien, pas de savants, mais cinq ou six poètes...

TRIBOULET.

Sire! j'aurais plus peur, étant ce que vous êtes,
D'un poète, toujours de rimes barbouillé,
Que Belzébuth n'a peur d'un goupillon mouillé.

LE ROI.

Cinq ou six...

TRIBOULET.

Cinq ou six! c'est tout une écurie!
C'est une académie, une ménagerie! —

Montrant Marot.

N'avons-nous pas assez de Marot que voici,
Sans nous empoisonner de poètes ainsi!

MAROT.

Grand merci!

A part.

Le bouffon eût mieux fait de se taire.

TRIBOULET.

Les femmes, sire! ah Dieu! c'est le ciel, c'est la terre!
C'est tout! Mais vous avez les femmes! vous avez
Les femmes! laissez-moi tranquille! vous rêvez,
De vouloir des savants!

LE ROI.

Moi, foi de gentilhomme!
Je m'en soucie autant qu'un poisson d'une pomme.

Éclats de rire dans un groupe au fond.

LE ROI, *à Triboulet.*
Tiens, voilà des muguets qui se raillent de toi.
Triboulet va les écouter et revient.
TRIBOULET.
Non, c'est d'un autre fou.
LE ROI.
Bah ! de qui donc ?
TRIBOULET.
Du roi.
LE ROI.
Vrai ! Que chantent-ils ?
TRIBOULET.
Sire, ils vous disent avare,
Et qu'argent et faveurs s'en vont dans la Navarre ;
Qu'on ne fait rien pour eux.
LE ROI.
Oui ; je les vois d'ici
Tous les trois.— Montchenu, Brion, Montmorency.
TRIBOULET.
Juste.
LE ROI.
Ces courtisans ! engeance détestable !
J'ai fait l'un amiral, le second connétable,
Et l'autre, Montchenu, maître de mon hôtel.
Ils ne sont pas contents ! as-tu vu rien de tel ?
TRIBOULET.
Mais vous pouvez encor, c'est justice à leur rendre,
Les faire quelque chose.
LE ROI.
Et quoi ?
TRIBOULET.
Faites-les pendre.
M. DE PIENNE, *riant, aux trois seigneurs qui sont toujours au fond du théâtre.*
Messieurs, entendez-vous ce que dit Triboulet ?
M. DE BRION.
Il jette sur le fou un regard de colère.
Oui, certe !
M. DE MONTMORENCY.
Il le paîra !
M. DE MONTCHENU.
Misérable valet !
TRIBOULET, *au roi.*
Mais, sire, vous devez avoir parfois dans l'âme
Un vide...—Autour de vous n'avoir pas une femme
Dont l'œil vous dise non, dont le cœur dise oui !
LE ROI.
Qu'en sais-tu ?
TRIBOULET.
N'être aimé que d'un cœur ébloui,
Ce n'est pas être aimé.
LE ROI.
Sais-tu si pour moi-même
Il n'est pas dans ce monde une femme qui m'aime ?
TRIBOULET.
Sans vous connaître ?
LE ROI.
Eh oui !
A part.
Sans compromettre ici
Ma petite beauté du cul-de-sac Bussy.
TRIBOULET.
Une bourgeoise donc ?
LE ROI.
Pourquoi non ?
TRIBOULET, *vivement.*
Prenez garde.
Une bourgeoise ! ô ciel ! votre amour se hasarde.
Les bourgeois sont parfois de farouches Romains.
Quand on touche à leur bien, la marque en reste aux
[mains.
Tenez, contentons-nous, fous et rois que nous sommes,
Des femmes et des sœurs de vos bons gentilshommes.
LE ROI.
Oui, je m'arrangerais de la femme à Cossé.
TRIBOULET.
Prenez-la.
LE ROI, *riant.*
C'est facile à dire et malaisé
A faire.
TRIBOULET.
Enlevons-la cette nuit.
LE ROI, *montrant M. de Cossé.*
Et le comte ?
TRIBOULET.
Et la Bastille ?
LE ROI.
Oh non !
TRIBOULET.
Pour régler votre compte,
Faites-le duc.
LE ROI.
Il est jaloux comme un bourgeois.
Il refusera tout et criera sur les toits.
TRIBOULET, *rêveur.*
Cet homme est fort gênant, qu'on le paie ou l'exile...
Depuis quelques instants, M. de Cossé s'est rapproché par derrière du roi et du fou, et il écoute leur conversation. Triboulet se frappe le front avec joie.
Mais il est un moyen, commode, très-facile,
Simple, auquel je devrais avoir déjà pensé.
M. de Cossé se rapproche encore et écoute.
— Faites couper la tête à monsieur de Cossé.
M. de Cossé recule tout effaré.
—On suppose un complot avec l'Espagne ou Rome...
M. DE COSSÉ, *éclatant.*
Oh ! le petit satan !
LE ROI, *riant et frappant sur l'épaule de M. de Cossé.*
A Triboulet.
Là, foi de gentilhomme,
Y penses-tu ? couper la tête que voilà ?
Regarde cette tête, ami ! Vois-tu cela ?
S'il en sort une idée, elle est toute cornue.
TRIBOULET.
Comme le moule, auquel elle était contenue.
M. DE COSSÉ.
Couper ma tête !
TRIBOULET.
Eh bien ?
LE ROI, *à Triboulet.*
Tu le pousses à bout.
TRIBOULET.
Que diable ! on n'est pas roi pour se gêner en tout.

Pour ne point se passer la moindre fantaisie.

M. DE COSSÉ.

Me couper la tête ! ah ! j'en ai l'âme saisie.

TRIBOULET.

Mais c'est tout simple. — Où donc est la nécessité
De ne vous pas couper la tête ?

M. DE COSSÉ.

En vérité !
Je te châtierai, drôle !

TRIBOULET.

Oh ! je ne vous crains guère !
Entouré de puissants auxquels je fais la guerre,
Je ne crains rien, monsieur, car je n'ai sur le cou
Autre chose à risquer que la tête d'un fou.
Je ne crains rien, sinon que ma bosse me rentre
Au corps, et comme à vous me tombe dans le ventre —
Ce qui m'enlaidirait.

M. DE COSSÉ, *la main sur son épée.*

Maraud !

LE ROI.

Comte, arrêtez. —
Viens, fou !

Il s'éloigne avec Triboulet, en riant.

M. DE GORDES.

Le roi se tient de rire les côtés !

M. DE PARDAILLAN.

Comme à la moindre chose il rit, il s'abandonne !

MAROT.

C'est curieux. Un roi qui s'amuse en personne !

Une fois le roi et le fou éloignés, les courtisans se rapprochent, et suivent Triboulet d'un regard de haine.

M. DE BRION.

Vengeons-nous du bouffon !

TOUS.

Hum !

MAROT.

Il est cuirassé.
Par où le prendre ? où donc le frapper ?

M. DE PIENNE.

Je le sai.
Nous avons contre lui chacun quelque rancune,
Nous pouvons nous venger.

Tous se rapprochent avec curiosité de M. de Pienne.

Trouvez-vous à la brune,
Ce soir, tous bien armés, au cul-de-sac Bussy, —
Près de l'hôtel Cossé. — Plus un mot de ceci.

MAROT.

Je devine.

M. DE PIENNE.

C'est dit ?

TOUS.

C'est dit.

M. DE PIENNE.

Silence ! il rentre.

Rentrent Triboulet et le roi entouré de femmes.

TRIBOULET, *seul de son côté, à part.*

A qui jouer un tour maintenant ?—au roi... —Diantre !

UN VALET, *entrant, bas à Triboulet.*

Monsieur de Saint-Vallier, un vieillard tout en noir,
Demande à voir le roi.

TRIBOULET, *se frottant les mains.*

Mortdieu ! laissez-nous voir
Monsieur de Saint-Vallier.

Le valet sort.

C'est charmant ! comment diable !
Mais cela va nous faire un esclandre effroyable !

Bruit, tumulte au fond du théâtre, à la grande porte.

UNE VOIX, *au dehors.*

Je veux parler au roi !

LE ROI, *s'interrompant de sa causerie.*

Non ! qui donc est entré ?

LA MÊME VOIX.

Parler au roi !

LE ROI, *vivement.*

Non, non !

Un vieillard vêtu de deuil perce la foule, et vient se placer devant le roi, qu'il regarde fixement. Tous les courtisans s'écartent avec étonnement.

SCÈNE V.

LES MÊMES, M. DE SAINT-VALLIER, *grand deuil, barbe et cheveux blancs.*

M. DE SAINT-VALLIER, *au roi.*

Si ! je vous parlerai !

LE ROI.

Monsieur de Saint-Vallier !

M. DE SAINT-VALLIER, *immobile au seuil.*

C'est ainsi qu'on me nomme.

Le roi fait un pas vers lui avec colère. Triboulet l'arrête.

TRIBOULET.

Oh, sire ! laissez-moi haranguer le bonhomme.

A M. de Saint-Vallier, avec une attitude théâtrale.

Monseigneur ! — vous aviez conspiré contre nous,
Nous vous avons fait grâce, en roi clément et doux.
C'est au mieux. Quelle rage à présent vient vous pren-
D'avoir des petits-fils de monsieur votre gendre ? [dre
Votre gendre est affreux, mal bâti, mal tourné,
Marqué d'une verrue au beau milieu du né,
Borgne, disent les uns, velu, chétif et blême,
Ventru comme monsieur.

Il montre M. de Cossé, qui se cabre.

Bossu comme moi-même.
Qui verrait votre fille à son côté, rirait.
Si le roi n'y mettait bon ordre, il vous ferait
Des petits-fils tortus, des petits-fils horribles,
Roux, brèche-dents, manqués, effroyables, risibles,
Ventrus comme monsieur,

Montrant encore M. de Cossé, qu'il salue et qui s'indigne.

Et bossus comme moi !
Votre gendre est trop laid ! — Laissez faire le roi,
Et vous aurez un jour des petits-fils ingambes
Pour vous tirer la barbe et vous grimper aux jambes.

Les courtisans applaudissent Triboulet avec des huées et des éclats de rire.

M. DE SAINT-VALLIER, *sans regarder le bouffon.*

Une insulte de plus ! — Vous, sire, écoutez-moi
Comme vous le devez, puisque vous êtes roi !
Vous m'avez fait un jour mener pieds nus en Grève ;
Là, vous m'avez fait grâce, ainsi que dans un rêve,
Et je vous ai béni, ne sachant en effet
Ce qu'un roi cache au fond d'une grâce qu'il fait.
Or, vous aviez caché ma honte dans la mienne. —
Oui, sire, sans respect pour une race ancienne,

Pour le sang de Poitiers, noble depuis mille ans,
Tandis que, revenant de la Grève à pas lents,
Je priais dans mon cœur le dieu de la victoire
Qu'il vous donnât mes jours de vie en jours de gloire,
Vous, François de Valois, le soir du même jour,
Sans crainte, sans pitié, sans pudeur, sans amour,
Dans votre lit, tombeau de la vertu des femmes,
Vous avez froidement, sous vos baisers infâmes,
Terni, flétri, souillé, déshonoré, brisé
Diane de Poitiers, comtesse de Brezé.
Quoi, lorsque j'attendais l'arrêt qui me condamne,
Tu courais donc au Louvre, ô ma chaste Diane!
Et lui, ce roi, sacré chevalier par Bayard,
Jeune homme auquel il faut des plaisirs de vieillard,
Pour quelques jours de plus dont Dieu seul sait le
[compte,
Ton père sous ses pieds, te marchandait ta honte,
Et cet affreux tréteau, chose horrible à penser!
Qu'un matin le bourreau vint en Grève dresser,
Avant la fin du jour, devait être, ô misère!
Ou le lit de la fille, ou l'échafaud du père!
O Dieu! qui nous jugez! qu'avez-vous dit là-haut,
Quand vos regards ont vu, sur ce même échafaud,
Se vautrer, triste et louche, et sanglante et souillée,
La luxure royale en clémence habillée!
Sire! en faisant cela, vous avez mal agi.
Que du sang d'un vieillard le pavé fût rougi,
C'était bien. Ce vieillard, peut-être respectable,
Le méritait, étant de ceux du connétable.
Mais que pour le vieillard vous ayez pris l'enfant,
Que vous ayez broyé sous un pied triomphant
La pauvre femme en pleurs, à s'effrayer trop prompte,
C'est une chose impie, et dont vous rendrez compte!
Vous avez dépassé votre droit d'un grand pas.
Le père était là, mais la fille, non pas.
Ah! vous m'avez fait grâce! — Ah! vous nommez la
Une grâce! et je suis un ingrat, je suppose! [chose
— Sire, au lieu d'abuser ma fille, bien plutôt
Que n'êtes-vous venu vous-même en mon cachot!
Je vous aurais crié : — Faites-moi mourir, grâce!
Oh! grâce pour ma fille, et grâce pour ma race!
Oh! faites-moi mourir! la tombe, et non l'affront!
Pas de tête plutôt qu'une souillure au front!
Oh! monseigneur le roi, puisqu'ainsi l'on vous nomme,
Croyez-vous qu'un chrétien, un comte, un gentilhom-
Soit moins décapité, répondez, mon seigneur, [me,
Quand, au lieu de la tête, il lui manque l'honneur?
— J'aurais dit cela, sire, et le soir, dans l'église,
Dans mon cercueil sanglant baisant ma barbe grise,

Ma Diane au cœur pur, ma fille au front sacré,
Honorée, eût prié pour son père honoré!
— Sire, je ne viens pas redemander ma fille;
Quand on n'a plus d'honneur, on n'a plus de famille.
Qu'elle vous aime ou non d'un amour insensé,
Je n'ai rien à reprendre où la honte a passé.
Gardez-la. — Seulement je me suis mis en tête
De venir vous troubler ainsi dans chaque fête,
Et jusqu'à ce qu'un père, un frère, ou quelque époux,
— La chose arrivera, — nous ait vengé de vous,
Pâle, à tous vos banquets, je reviendrai vous dire :
— Vous avez mal agi, vous avez mal fait, sire! —
Et vous m'écouterez, et votre front terni
Ne se relèvera que quand j'aurai fini.
Vous voudrez, pour forcer ma vengeance à se taire,
Me rendre au bourreau. Non. Vous ne l'oserez faire,
De peur que ce ne soit mon spectre qui demain

                Montrant sa tête.

Revienne vous parler, — cette tête à la main!

      LE ROI, *comme suffoqué de colère.*

On s'oublie à ce point d'audace et de délire!... —
      A M. de Pienne.
Duc! arrêtez monsieur!

M. de Pienne fait un signe, et deux hallebardiers se placent de chaque côté de M. de Saint-Vallier.

      TRIBOULET, *riant.*

      Le bonhomme est fou, sire!

    M. DE SAINT-VALLIER, *levant le bras.*

Soyez maudits tous deux! —

      Au roi.

      Sire, ce n'est pas bien.
Sur le lion mourant vous lâchez votre chien!
      A Triboulet.
Qui que tu sois, valet à langue de vipère,
Qui fais risée ainsi de la douleur d'un père,
Sois maudit! —

      Au roi.

      J'avais droit d'être par vous traité
Comme une majesté par une majesté.
Vous êtes roi, moi père, et l'âge vaut le trône.
Nous avons tous les deux au front une couronne
Où nul ne doit lever de regards insolents,
Vous, de fleurs de lis d'or, et moi, de cheveux blancs.
Roi, quand un sacrilège ose insulter la vôtre,
C'est vous qui la vengez; c'est Dieu qui venge l'autre.

ACTE DEUXIÈME.

Le recoin le plus désert du cul-de-sac Bussy. A droite, une petite maison de discrète apparence, avec une petite cour entourée d'un mur qui occupe une partie du théâtre. Dans cette cour, quelques arbres, un banc de pierre. Dans le mur, une porte qui donne sur la rue; sur le mur, une terrasse étroite couverte d'un toit supporté par des arcades dans le goût de la renaissance. — La porte du premier étage de la maison donne sur cette terrasse qui communique avec la cour par un degré. — A gauche, les murs très-hauts des jardins de l'hôtel de Cossé. — Au fond, des maisons éloignées; le clocher de Saint-Séverin.

SCÈNE I.

TRIBOULET, SALTABADIL. — *Pendant une partie de la scène M. DE PIENNE et M. DE GORDES au fond du théâtre.*

Triboulet, enveloppé d'un manteau et sans aucun de ses attributs de bouffon, paraît dans la rue, et se dirige vers la porte pratiquée dans le mur. Un homme vêtu de noir et également couvert d'une cape, dont le bas est relevé par une épée, le suit.

      TRIBOULET, *rêveur.*
Ce vieillard m'a maudit!

      L'HOMME, *le saluant.*

      Monsieur...

      TRIBOULET, *se détournant avec humeur.*

      Ah!...
      Cherchant dans sa poche.
      Je n'ai rien.

      L'HOMME.

Je ne demande rien, monsieur! fi donc!

TRIBOULET, *lui faisant signe de le laisser tranquille et de s'éloigner.*
　　　　　　　C'est bien !
Entrent M. de Pienne et M. de Gordes, qui s'arrêtent en observation au fond du théâtre.
　　　　L'HOMME, *le saluant.*
Monsieur me juge mal. Je suis homme d'épée.
　　　　TRIBOULET, *reculant.*
　A part.
Est-ce un voleur?
　　L'HOMME, *s'approchant d'un air doucereux.*
　　　　　Monsieur a la mine occupée.
Je vous vois tous les soirs de ce côté rôder.
Vous avez l'air d'avoir une femme à garder !
　　　　　TRIBOULET.
　　A part.
Diable !
　　Haut.
　　Je ne dis pas mes affaires aux autres.
　Il veut passer outre; l'homme le retient.
　　　　　L'HOMME.
Mais c'est pour votre bien qu'on se mêle des vôtres.
Si vous me connaissiez, vous me traiteriez mieux.
　　S'approchant.
Peut-être à votre femme un fat fait les doux yeux,
Et vous êtes jaloux ?...
　　　　TRIBOULET, *impatienté.*
　　　　　　Que voulez-vous en somme ?
L'HOMME, *avec un sourire aimable, bas et vite.*
Pour quelque paraguante on vous tuera votre homme.
　　　　TRIBOULET, *respirant.*
Ah ! c'est fort bien !
　　　　　L'HOMME.
　　　　Monsieur, vous voyez que je suis
Un honnête homme.
　　　　　TRIBOULET.
　　　　Peste !
　　　　　L'HOMME.
　　　　　　Et que si je vous suis,
C'est pour de bons desseins.
　　　　　TRIBOULET.
　　　　　Oui, certe, un homme utile !
　　　L'HOMME, *modestement.*
Le gardien de l'honneur des dames de la ville.
　　　　　TRIBOULET.
Et combien prenez-vous pour tuer un galant ?
　　　　　L'HOMME.
C'est selon le galant qu'on tue, — et le talent
Qu'on a.
　　　　TRIBOULET.
　　Pour dépêcher un grand seigneur ?
　　　　　L'HOMME.
　　　　　　　Ah ! diantre !
On court plus d'un péril de coups d'épée au ventre.
Ces gens-là sont armés. On y risque sa chair.
Le grand seigneur est cher.
　　　　TRIBOULET.
　　　　　Le grand seigneur est cher !
Est-ce que les bourgeois, par hasard, se permettent
De se faire tuer entr'eux ?
　　　　L'HOMME, *souriant.*
　　　　　Mais ils s'y mettent !
— C'est un luxe pourtant.—Luxe, vous comprenez,
Qui reste en général parmi les gens bien nés.
Il est quelques faquins, qui, pour de grosses sommes,
Tiennent à se donner des airs de gentilshommes,
Et me font travailler. — Mais ils me font pitié.
— On me donne moitié d'avance, et la moitié
Après.
　　　　TRIBOULET, *hochant la tête,*
　　Oui, vous risquez le gibet, le supplice...

　　　　L'HOMME, *souriant.*
Non, non, nous redevons un droit à la police.
　　　　TRIBOULET.
Tant pour un homme ?
　　　L'HOMME, *avec un signe affirmatif.*
　　　　A moins... que vous dirai-je, moi ?...
Qu'on n'ait tué, mon Dieu !... qu'on n'ait tué... le Roi !
　　　　TRIBOULET.
Et comment t'y prends-tu ?
　　　　　L'HOMME.
　　　　　　Monsieur, je tue en ville
Ou chez moi, comme on veut.
　　　　TRIBOULET.
　　　　　Ta manière est civile.
　　　　　L'HOMME.
J'ai, pour aller en ville, un estoc bien pointu.
J'attends l'homme le soir...
　　　　TRIBOULET.
　　　　　Chez toi, comment fais-tu ?
　　　　　L'HOMME.
J'ai ma sœur Maguelonne, une fort belle fille
Qui danse dans la rue et qu'on trouve gentille.
Elle attire chez nous le galant une nuit...
　　　　　TRIBOULET.
Je comprends.
　　　　　L'HOMME.
　　　Vous voyez, cela se fait sans bruit,
C'est décent.—Donnez-moi, monsieur, votre pratique.
Vous en serez content. Je ne tiens pas boutique,
Je ne fais pas d'éclat. Surtout, je ne suis point
De ces gens à poignard, serrés dans leur pourpoint,
Qui vont se mettre dix pour la moindre équipée,
Bandits, dont le courage est court comme l'épée.
Il tire de dessous sa cape une épée démesurément longue.
Voici mon instrument. —
　　　Triboulet recule d'effroi.
　　　　　　Pour vous servir.
　TRIBOULET, *considérant l'épée avec surprise.*
　　　　　　　Vraiment !
— Merci, je n'ai besoin de rien pour le moment.
　　L'HOMME, *remettant l'épée au fourreau.*
Tant pis.—Quand vous voudrez me voir, je me pro-
Tous les jours à midi devant l'hôtel du Maine.　[mène
Mon nom, Saltabadil.
　　　　TRIBOULET.
　　　　　Bohême ?
　　　　L'HOMME, *saluant.*
　　　　　　Et Bourguignon.
M. DE GORDES, *écrivant sur ses tablettes au fond du théâtre.*
　Bas à M. de Pienne.
Un homme précieux, et dont je prends le nom.
　　　　L'HOMME, *à Triboulet.*
Monsieur, ne pensez pas mal de moi, je vous prie.
　　　　TRIBOULET.
Non. Que diable, il faut bien avoir une industrie !
　　　　　L'HOMME.
A moins de mendier, et d'être un fainéant,
Un gueux. — J'ai quatre enfants...
　　　　TRIBOULET.
　　　　　Qu'il serait malséant
De ne pas élever... —
　　　Le congédiant.
　　　　　Le ciel vous tienne en joie !
M. DE PIENNE, *à M. de Gordes, au fond, montrant Triboulet.*
Il fait grand jour encor, je crains qu'il ne nous voie.
　　　Tous deux sortent.
　　　　TRIBOULET, *à l'homme.*
Bonsoir !

L'HOMME, *le saluant.*
Adiusias. Tout votre serviteur.
Il sort.

TRIBOULET, *le regardant s'éloigner.*
Nous sommes tous les deux à la même hauteur.
Une langue acérée, une lame pointue.
Je suis l'homme qui rit, il est l'homme qui tue.

SCÈNE II.

L'homme disparu, Triboulet ouvre doucement la petite porte pratiquée dans le mur de la cour; il regarde au dehors avec précaution, puis il tire la clef de la serrure, et referme soigneusement la porte en dedans ; il fait quelques pas dans la cour d'un air soucieux et préoccupé.

TRIBOULET, *seul.*

Ce vieillard m'a maudit ! — Pendant qu'il me parlait,
Pendant qu'il me criait : — Oh ! sois maudit, valet ! —
Je raillais sa douleur, — oh, oui ! j'étais infâme,
Je riais, mais j'avais l'épouvante dans l'âme. —

Il va s'asseoir sur le petit banc près de la table de pierre.

Maudit !

Profondément rêveur et la main sur son front.

Ah ! la nature et les hommes m'ont fait
Bien méchant, bien cruel et bien lâche en effet.
O rage ! être bouffon ! ô rage ! être difforme !
Toujours cette pensée ! et, qu'on veille ou qu'on dorme,
Quand du monde en rêvant vous avez fait le tour,
Retomber sur ceci : Je suis bouffon de cour !
Ne vouloir, ne pouvoir, ne devoir et ne faire
Que rire ! — Quel excès d'opprobre et de misère !
Quoi ! ce qu'ont les soldats, ramassés en troupeau
Autour de ce haillon qu'ils appellent drapeau,
Ce qui reste, après tout, au mendiant d'Espagne,
A l'esclave en Tunis, au forçat dans son bagne,
A tout homme, ici-bas, qui respire et se meut,
Le droit de ne pas rire et de pleurer, s'il veut,
Je ne l'ai pas ! — O Dieu ! triste et l'humeur mauvaise,
Pris dans un corps mal fait où je suis mal à l'aise,
Tout rempli de dégoût de ma difformité,
Jaloux de toute force et de toute beauté,
Entouré de splendeurs qui me rendent plus sombre,
Parfois, farouche et seul, si je cherche un peu l'ombre,
Si je veux recueillir et calmer un moment
Mon âme qui sanglote et pleure amèrement,
Mon maître tout à coup survient, mon joyeux maître,
Qui, tout-puissant, aimé des femmes, content d'être,
A force de bonheur oubliant le tombeau,
Grand, jeune, et bien portant, et roi de France, et beau,
Me pousse avec le pied dans l'ombre où je soupire,
Et me dit en bâillant : Bouffon ! fais-moi donc rire !
— O pauvre homme ! — C'est un homme, après tout !
— Eh bien ! la passion qui dans son âme bout,
La rancune, l'orgueil, la colère hautaine,
L'envie et la fureur dont sa poitrine est pleine,
Le calcul éternel de quelque affreux dessein,
Tous ces noirs sentiments qui lui rongent le sein,
Sur un signe du maître, en lui-même il les broie,
Et, pour quiconque en veut, il en fait de la joie !
— Abjection ! — S'il marche, ou se lève, ou s'assied,
Toujours il sent le fil qui lui tire le pied.
— Mépris de toute part ! — Tout homme l'humilie.
Ou bien, c'est une reine, une femme, jolie,
Demi-nue et charmante, et dont il voudrait bien,
Qui le laisse jouer sur son lit, comme un chien !
— Aussi, mes beaux seigneurs, mes railleurs gentils-
[hommes,
Hum ! comme il vous hait bien ! quels ennemis nous
[sommes !
Comme il vous fait parfois payer cher vos dédains !
Comme il sait leur trouver des contre-coups soudains !
Il est le noir démon qui conseille le maître.
Vos fortunes, messieurs, n'ont plus le temps de naître,
Et, sitôt qu'il a pu dans ses ongles saisir
Quelque belle existence, il l'effeuille à plaisir !
— Vous l'avez fait méchant ! — O douleur ! est-ce vivre ?
Mêler du fiel au vin dont un autre s'enivre,
Si quelque bon instinct germe en soi, l'effacer,
Étourdir de grelots l'esprit qui veut penser,
Traverser, chaque jour, comme un mauvais génie,
Des fêtes, qui pour vous ne sont qu'une ironie,
Démolir le bonheur des heureux, par ennui,
N'avoir d'ambition qu'aux ruines d'autrui,
Et, contre tous, partout où le hasard vous pose,
Porter toujours en soi, mêler à toute chose,
Et garder, et cacher sous un rire moqueur,
Un fond de vieille haine extravasée au cœur !
Oh ! je suis malheureux !

Se levant du banc de pierre où il est assis.

Mais ici, que m'importe ?
Suis-je pas un autre homme en passant cette porte ?
Oublions un instant le monde dont je sors.
Ici, je ne dois rien apporter du dehors.

Retombant dans sa rêverie.

— Ce vieillard m'a maudit ! — Pourquoi cette pensée
Revient-elle toujours lorsque je l'ai chassée ?
Pourvu qu'il n'aille rien m'arriver ?

Haussant les épaules.

Suis-je fou ?

Il va à la porte de la maison, et frappe. Elle s'ouvre. Une jeune fille vêtue de blanc en sort et se jette joyeusement dans ses bras.

SCÈNE III.

TRIBOULET, BLANCHE, *ensuite* DAME BÉRARDE.

TRIBOULET.
Ma fille !

Il la serre sur sa poitrine avec transport.

Oh ! mets tes bras à l'entour de mon cou !
— Sur mon cœur ! — Près de toi, tout rit, rien ne me
Enfant, je suis heureux, et je respire à l'aise ! [pèse,

Il la regarde d'un œil enivré.

— Plus belle tous les jours ! — Tu ne manques de rien,
Dis ? — es-tu bien ici ? — Blanche, embrasse-moi bien !

BLANCHE, *dans ses bras.*
Comme vous êtes bon, mon père !

TRIBOULET, *s'asseyant.*
Non, je t'aime,
Voilà tout. N'es-tu pas ma vie et mon sang même ?
Si je ne t'avais point, qu'est-ce que je ferais,
Mon Dieu !

BLANCHE, *lui posant la main sur le front.*
Vous soupirez, quelques chagrins secrets,
N'est-ce pas ? Dites-les à votre pauvre fille.
Hélas ! je ne sais pas, moi, quelle est ma famille.

TRIBOULET.
Enfant, tu n'en as pas !

BLANCHE.
J'ignore votre nom.

TRIBOULET.
Que t'importe mon nom !

BLANCHE.
Nos voisins de Chinon,
De la petite ville où je fus élevée,
Me croyaient orpheline avant votre arrivée.

TRIBOULET.
J'aurais dû t'y laisser. C'eût été plus prudent.
Mais je ne pouvais plus vivre ainsi cependant.
J'avais besoin de toi, besoin d'un cœur qui m'aime.

Il la serre de nouveau dans ses bras.

BLANCHE.
Si vous ne voulez pas me parler de vous-même...
TRIBOULET.
Ne sors jamais!
BLANCHE.
　　　　　Je suis ici depuis deux mois,
Je suis allée en tout à l'église huit fois.
TRIBOULET.
Bien.
BLANCHE.
Mon bon père, au moins, parlez-moi de ma mère!
TRIBOULET.
Oh! ne réveille pas une pensée amère,
Ne me rappelle pas qu'autrefois j'ai trouvé,
— Et, si tu n'étais là, je dirais : j'ai rêvé, —
Une femme, contraire à la plupart des femmes,
Qui, dans ce monde, où rien n'appareille les âmes,
Me voyant seul, infirme, et pauvre, et détesté,
M'aima pour ma misère et ma difformité!
Elle est morte, emportant dans la tombe avec elle
L'angélique secret de son amour fidèle,
De son amour, passé sur moi comme un éclair,
Rayon du paradis tombé dans mon enfer!
Que la terre, toujours à nous recevoir prête,
Soit légère à ce sein qui reposa ma tête!
—Toi, seule, m'est restée!—

Levant les yeux au ciel.

　　　　Eh bien, mon Dieu, merci!

Il pleure et cache son front dans ses mains.

BLANCHE.
Que vous devez souffrir! vous voir pleurer ainsi,
Non, je ne le veux pas, non, cela me déchire!
TRIBOULET.
Et que dirais-tu donc si tu me voyais rire!
BLANCHE.
Mon père, qu'avez-vous? dites-moi votre nom.
Oh! versez dans mon sein toutes vos peines?
TRIBOULET.
　　　　　　　　　　　　Non.
A quoi bon me nommer? Je suis ton père.—Écoute,
Hors d'ici, vois-tu bien, peut-être on me redoute,
Qui sait? l'un me méprise et l'autre me maudit.
Mon nom, qu'en ferais-tu quand je te l'aurais dit?
Je veux ici, du moins, je veux, en ta présence,
Dans ce seul coin du monde où tout soit innocence,
N'être pour toi qu'un père, un père vénéré,
Quelque chose de saint, d'auguste et de sacré!
BLANCHE.
Mon père!
TRIBOULET, *la serrant avec emportement dans ses bras.*
　　　　Est-il ailleurs un cœur qui me réponde?
Oh! je t'aime pour tout ce que je hais au monde!
—Assieds-toi près de moi. Viens, parlons de cela.
Dis, aimes-tu ton père? et puisque nous voilà
Ensemble, et que ta main entre mes mains repose,
Qu'est-ce donc qui nous force à parler d'autre chose?
Ma fille! ô seul bonheur que le ciel m'ait permis!
D'autres ont des parents, des frères, des amis,
Une femme, un mari, des vassaux, un cortége
D'aïeux et d'alliés, plusieurs enfants, que sais-je?
Moi, je n'ai que toi seule! Un autre est riche,—eh bien,
Toi seule es mon trésor, et toi seule es mon bien!
Un autre croit en Dieu. Je ne crois qu'en ton âme!
D'autres ont la jeunesse et l'amour d'une femme,
Ils ont l'orgueil, l'éclat, la grâce et la santé,
Ils sont beaux; moi, vois-tu, je n'ai que ta beauté!

Chère enfant! — Ma cité, mon pays, ma famille,
Mon épouse, ma mère, et ma sœur, et ma fille,
Mon bonheur, ma richesse, et mon culte, et ma loi,
Mon univers, c'est toi, toujours toi, rien que toi!
De tout autre côté, ma pauvre âme est froissée.
— Oh! si je te perdais!... — Non, c'est une pensée
Que je ne pourrais pas supporter un moment!
— Souris-moi donc un peu. — Ton sourire est char-
Oui, c'est toute ta mère! — Elle était aussi belle.[mant.
Tu te passes souvent la main au front comme elle,
Comme pour l'essuyer, car il faut au cœur pur
Un front tout innocence et des yeux tout azur.
Tu rayonnes pour moi d'une angélique flamme,
A travers ton beau corps mon âme voit ton âme,
Même les yeux fermés, c'est égal, je te vois.
Le jour me vient de toi. Je me voudrais parfois
Aveugle, et l'œil voilé d'obscurité profonde,
Afin de n'avoir pas d'autre soleil au monde!
BLANCHE.
Oh! que je voudrais bien vous rendre heureux!
TRIBOULET.
　　　　　　　　　　　　　Qui? moi?
Je suis heureux ici! quand je vous aperçois,
Ma fille, c'est assez pour que mon cœur se fonde.

Il lui passe la main dans les cheveux en souriant.

Oh! les beaux cheveux noirs! enfant, vous étiez blonde,
Qui le croirait?
BLANCHE, *prenant un air caressant.*
　　　　Un jour, avant le couvre-feu,
Je voudrais bien sortir, et voir Paris un peu.
TRIBOULET, *impétueusement.*
Jamais, jamais! — Ma fille, avec dame Bérarde,
Tu n'es jamais sortie au moins!
BLANCHE, *tremblante.*
　　　　　　　　　　Non.
TRIBOULET.
　　　　　　　　　　　Prends-y garde!
BLANCHE.
Je ne vais qu'à l'église.
TRIBOULET, *à part.*
　　　　　　O ciel! où la verrait,
On la suivrait, peut-être on me l'enlèverait!
La fille d'un bouffon, cela se déshonore,
Et l'on ne fait qu'en rire! oh!—

Haut.

　　　　　　　　　Je t'en prie encore,
Reste ici renfermée! Enfant! si tu savais
Comme l'air de Paris aux femmes est mauvais!
Comme les débauchés vont courant par la ville!
Oh! les seigneurs surtout!

Levant les yeux au ciel.

　　　　　　　　O Dieu! dans cet asile,
Fais croître sous tes yeux, préserve des douleurs
Et du vent orageux qui flétrit d'autres fleurs,
Garde de toute haleine impure, même en rêve,
Pour qu'un malheureux père, à ses heures de trêve,
En puisse respirer le parfum abrité,
Cette rose de grâce et de virginité!

Il cache sa tête dans ses mains, et pleure.

BLANCHE.
Je ne parlerai plus de sortir, mais, par grâce,
Ne pleurez pas ainsi.
TRIBOULET.
　　　　　　　Non, cela me délasse.
J'ai tant ri l'autre nuit!

Se levant.

　　　　　　　Mais c'est trop m'oublier.
Blanche, il est temps d'aller reprendre mon collier.
Adieu.

Le jour baisse.

BLANCHE, *l'embrassant.*
Reviendrez-vous bientôt, dites?
TRIBOULET.
Peut-être.
Vois-tu, ma pauvre enfant, je ne suis pas mon maître.
Appelant.
Dame Bérarde!
Une vieille duègne paraît à la porte de la maison.
DAME BÉRARDE.
Quoi, monsieur?
TRIBOULET.
Lorsque je vien,
Personne ne me voit entrer?
DAME BÉRARDE.
Je le crois bien,
C'est si désert!
Il est presque nuit. De l'autre côté du mur, dans la rue, paraît le Roi, déguisé sous des vêtements simples et de couleur sombre; il examine la hauteur du mur et la porte qui est fermée, avec des signes d'impatience et de dépit.
TRIBOULET, *tenant Blanche embrassée.*
Adieu, ma fille bien aimée!
A madame Bérarde.
La porte sur le quai, vous la tenez fermée?
Dame Bérarde fait un signe affirmatif.
Je sais une maison, derrière Saint-Germain,
Plus retirée encor. Je la verrai demain.
BLANCHE.
Mon père, celle-ci me plaît pour la terrasse
D'où l'on voit des jardins.
TRIBOULET.
N'y monte pas, de grâce!
Écoutant.
Marche-t-on pas dehors!
Il va à la porte de la cour, l'ouvre et regarde avec inquiétude dans la rue. Le roi se cache dans un enfoncement près de la porte, que Triboulet laisse entr'ouverte.
BLANCHE, *montrant la terrasse.*
Quoi! ne puis-je le soir
Aller respirer là?
TRIBOULET, *revenant.*
Prends garde, on peut t'y voir.
Pendant qu'il a le dos tourné, le Roi se glisse dans la cour par la porte entrebâillée, et se cache derrière un gros arbre.
A dame Bérarde.
Vous, ne mettez jamais de lampe à la fenêtre.
DAME BÉRARDE, *joignant les mains.*
Et comment voulez-vous qu'un homme ici pénètre?
Elle se retourne et aperçoit le Roi derrière l'arbre. Elle s'interrompt ébahie. Au moment où elle ouvre la bouche pour crier, le roi lui jette dans la gorgerette une bourse qu'elle prend, qu'elle pèse dans sa main, et qui la fait taire.
BLANCHE, *à Triboulet, qui est allé visiter la terrasse avec une lanterne.*
Quelles précautions! mon père, dites-moi,
Mais que craignez-vous donc?
TRIBOULET.
Rien pour moi, tout pour toi!
Il la serre encore une fois dans ses bras.
Blanche, ma fille, adieu!
Un rayon de la lanterne que tient dame Bérarde éclaire Triboulet et Blanche.

LE ROI, *à part, derrière l'arbre.*
Triboulet!
Il rit.
Comment diable!
La fille à Triboulet! l'histoire est impayable!
TRIBOULET.
Au moment de sortir il revient sur ses pas.
J'y pense, quand tu vas à l'église prier,
Personne ne vous suit?
Blanche baisse les yeux avec embarras.
DAME BÉRARDE.
Jamais!
TRIBOULET.
Il faut crier
Si l'on vous suivait.
DAME BÉRARDE.
Ah! j'appellerais main-forte!
TRIBOULET.
Et puis, n'ouvrez jamais si l'on frappe à la porte.
DAME BÉRARD, *comme enchérissant sur les précautions de Triboulet.*
Quand ce serait le roi!
TRIBOULET.
Surtout si c'est le roi!
Il embrasse encore une fois sa fille, et sort en refermant la porte avec soin.

SCÈNE IV.

BLANCHE, DAME BÉRARDE, LE ROI.

Pendant la première partie de la scène, le roi reste caché derrière l'arbre.

BLANCHE, *pensive, écoutant les pas de son père, qui s'éloigne.*
J'ai du remords, pourtant!
DAME BÉRARDE.
Du remords! et pourquoi?
BLANCHE.
Comme à la moindre chose il s'effraie et s'alarme!
En partant, dans ses yeux j'ai vu luire une larme.
Pauvre père! si bon! j'aurais dû l'avertir
Que le dimanche, à l'heure où nous pouvons sortir,
Un jeune homme nous suit.— Tu sais, ce beau jeune
DAME BÉRARDE.   [homme.
Pourquoi donc lui conter cela, madame? en somme,
Votre père est un peu sauvage et singulier.
Vous haïssez donc bien ce jeune cavalier?
BLANCHE.
Moi le haïr! oh non! — Hélas! bien au contraire,
Depuis que je l'ai vu rien ne peut m'en distraire.
Du jour où son regard à mon regard parla,
Le reste n'est plus rien, je le vois toujours là,
Je suis à lui! vois-tu, je m'en fais une idée... —
Il me semble quand je songe que tous d'une coudée!
Comme il est brave et doux! comme il est noble et fier!
Bérarde! et qu'à cheval il doit avoir bel air!
DAME BÉRARDE.
C'est vrai qu'il est charmant!
Elle passe près du roi, qui lui donne une poignée de pièces d'or qu'elle empoche.
BLANCHE.
Un tel homme doit être...
DAME BÉRARDE, *tendant la main au roi, qui lui donne toujours de l'argent.*
Accompli.
BLANCHE.
Dans ses yeux on voit son cœur paraître.
Un grand cœur!

DAME BÉRARDE.
Certe ! un cœur immense !
A chaque mot que dit dame Bérarde, elle tend la main
au roi, qui la lui remplit de pièces d'or.
BLANCHE.
Valeureux.
DAME BÉRARDE, *continuant son manége.*
Formidable !
BLANCHE.
Et pourtant... bon.
DAME BÉRARDE, *tendant la main.*
Tendre !
BLANCHE.
Généreux.
DAME BÉRARDE, *tendant la main.*
Magnifique !
BLANCHE, *avec un profond soupir.*
Il me plaît !
DAME BÉRARDE, *tendant toujours la main à chaque mot qu'elle dit.*
Sa taille est sans pareille !
Ses yeux ! — Son front ! — son nez !...—
LE ROI, *à part.*
O Dieu ! voilà la vieille
Qui m'admire en détail ! je suis dévalisé !
BLANCHE.
Je t'aime d'en parler aussi bien.
DAME BÉRARDE.
Je le sai.
LE ROI, *à part.*
De l'huile sur le feu !
DAME BÉRARDE.
Bon, tendre, un cœur immense !
Valeureux, généreux...
LE ROI, *vidant ses poches.*
Diable ! elle recommence !
DAME BÉRARDE, *continuant.*
C'est un très-grand seigneur, il a l'air élégant,
Et quelque chose en or de brodé sur son gant.
Elle tend la main. Le Roi lui fait signe qu'il n'a plus rien.
BLANCHE.
Non. Je ne voudrais pas qu'il fût seigneur ni prince,
Mais un pauvre écolier qui vient de sa province,
Cela doit mieux aimer.
DAME BÉRARDE.
C'est possible, après tout,
Si vous le préférez ainsi.
A part.
Drôle de goût !
Cerveau de jeune fille où tout se contrarie !
Essayant encore de tendre la main au roi.
Ce beau jeune homme-là vous aime à la furie.
Le Roi ne donne pas.
A part.
Je crois notre homme à sec.—Plus un sou, plus un mot.
BLANCHE, *toujours sans voir le Roi.*
Le dimanche jamais ne revient assez tôt.
Quand je ne le vois pas, ma tristesse est bien grande.
Oh ! j'ai cru l'autre jour, au moment de l'offrande,
Qu'il allait me parler, et le cœur m'a battu !
J'y songe nuit et jour ! de son côté, vois-tu,
L'amour qu'il a pour moi l'absorbe. Je suis sûre
Que toujours dans son âme il porte ma figure.
C'est un homme ainsi fait, oh ! cela se voit bien !
D'autres femmes que moi ne le touchent en rien ;
Il n'est pour lui ni jeux, ni passe-temps, ni fête.
Il ne pense qu'à moi.
DAME BÉRARDE, *faisant un dernier effort et tendant la main au roi.*
J'en jurerais ma tête !

LE ROI, *ôtant son anneau, qu'il lui donne.*
Ma bague pour la tête !
BLANCHE.
Ah ! je voudrais souvent,
En y songeant, le jour, la nuit, en y rêvant,
L'avoir là,...—devant moi,...
Le Roi sort de sa cachette et va se mettre à genoux près
d'elle. Elle a le visage tourné du côté opposé.
...pour lui dire à lui-même :
Sois heureux ! sois content ! oh oui, je t'ai...
Elle se retourne, voit le Roi à ses genoux, et s'arrête
pétrifiée.
LE ROI, *lui tendant les bras.*
Je t'aime !
Achève ! achève ! — Oh ! dis : je t'aime ! Ne crains
Dans une telle bouche un tel mot va si bien ! [rien.
BLANCHE, *effarée, cherchant des yeux dame Bérarde, qui a disparu.*
Bérarde !..—Plus personne, ô Dieu ! qui me réponde !
Personne !
LE ROI, *toujours à genoux.*
Deux amants heureux, c'est tout un monde !
BLANCHE, *tremblante.*
Monsieur, d'où venez-vous ?
LE ROI.
De l'enfer ou du ciel,
Qu'importe ! que je sois Satan ou Gabriel,
Je t'aime !
BLANCHE.
O ciel ! ô ciel ! ayez pitié... — J'espère
Qu'on ne vous a point vu ! sortez !—Dieu ! si mon père...
LE ROI.
Sortir, quand palpitante en mes bras je te tiens,
Lorsque je t'appartiens ! lorque tu m'appartiens !
— Tu m'aimes ! tu l'as dit !
BLANCHE, *confuse.*
Il m'écoutait !
LE ROI.
Sans doute.
Quel concert plus divin veux-tu donc que j'écoute ?
BLANCHE, *suppliante.*
Ah ! vous m'avez parlé. — Maintenant, par pitié,
Sors ?
LE ROI.
Sortir, quand mon sort à ton sort est lié,
Quand notre double étoile au même horizon brille,
Quand je viens éveiller ton cœur de jeune fille,
Quand le ciel m'a choisi pour ouvrir à l'amour
Ton âme vierge encore et ta paupière au jour !
Viens, regarde, oh ! l'amour, c'est le soleil de l'âme !
Te sens-tu réchauffée à cette douce flamme ?
Le sceptre que la mort vous donne et vous reprend,
La gloire qu'on ramasse à la guerre en courant,
Se faire un nom fameux, avoir de grands domaines,
Être empereur ou roi, ce sont choses humaines,
Il n'est sur cette terre, où tout passe à son tour,
Qu'une chose qui soit divine, et c'est l'amour !
Blanche, c'est le bonheur que ton amant t'apporte,
Le bonheur, qui, timide, attendait à ta porte !
La vie est une fleur, l'amour en est le miel.
C'est la colombe unie à l'aigle dans le ciel,
C'est la grâce tremblante à la force appuyée,
C'est ta main dans ma main doucement oubliée...
— Aimons-nous ! aimons-nous !
Il cherche à l'embrasser. Elle se débat.
BLANCHE.
Non ! Laissez !
Il la serre dans ses bras, et lui prend un baiser.
DAME BÉRARDE, *au fond du théâtre, sur la terrasse, à part.*
Il va bien !

LE ROI, *à part.*

Elle est prise !
Haut.
Dis-moi que tu m'aimes !

DAME BÉRARDE, *au fond, à part.*

Vaurien !

LE ROI.

Blanche ! redis-le-moi !

BLANCHE, *baissant les yeux.*

Vous m'avez entendue.
Vous le savez.

LE ROI, *l'embrassant de nouveau avec transport.*

Je suis heureux !

BLANCHE.

Je suis perdue !

LE ROI.

Non, heureuse avec moi !

BLANCHE, *s'arrachant de ses bras.*

Vous m'êtes étranger.
Dites-moi votre nom.

DAME BÉRARDE, *au fond, à part.*

Il est temps d'y songer !

BLANCHE.

Vous n'êtes pas au moins seigneur ni gentilhomme ?
Mon père les craint tant !

LE ROI.

Mon Dieu, non, je me nomme...
A part.
— Voyons ?..
Il cherche.
Gaucher Mahiet. — Je suis un écolier...
Très-pauvre... !

DAME BÉRARDE, *occupée en ce moment même à compter l'argent qu'il lui a donné.*

Est-il menteur !

Entrent dans la rue M. de Pienne et M. de Pardaillan, enveloppés de manteaux, une lanterne sourde à la main.

M. DE PIENNE, *bas à M. de Pardaillan.*

C'est ici, chevalier !

DAME BÉRARDE, *bas et descendant précipitamment la terrasse.*

J'entends quelqu'un dehors.

BLANCHE, *effrayée.*

C'est mon père peut-être !

DAME BÉRARDE, *au Roi.*

Partez, monsieur !

LE ROI.

Que n'ai-je entre mes mains le traître
Qui me dérange ainsi !

BLANCHE, *à dame Bérarde.*

Fais-le vite passer
Par la porte du quai.

LE ROI, *à Blanche.*

Quoi ! déjà te laisser !
M'aimeras-tu demain ?

BLANCHE.

Et vous ?

LE ROI.

Ma vie entière !

BLANCHE.

Ah ! vous me trompez, car je trompe mon père !

LE ROI.

Jamais ! — Un seul baiser, Blanche, sur tes beaux yeux.

DAME BÉRARDE, *à part.*

Mais c'est un embrasseur tout à fait furieux !

BLANCHE, *faisant quelque résistance.*

Non, non !

Le roi l'embrasse, et rentre avec dame Bérarde dans la maison.

Blanche reste quelque temps les yeux fixés sur la porte par où il est sorti ; puis elle rentre elle-même. Pendant ce temps-là, la rue se peuple de gentilshommes armés, couverts de manteaux et masqués. M. de Gordes, M. de Cossé, MM. de Montchenu, de Brion et de Montmorency, Clément Marot rejoignent successivement M. de Pienne et M. de Pardaillan. La nuit est très-noire. La lanterne sourde de ces messieurs est bouchée. Ils se font entre eux des signes de reconnaissance, et se montrent la maison de Blanche. Un valet les suit portant une échelle.

SCÈNE V.

LES GENTILSHOMMES, *puis* TRIBOULET, *puis* BLANCHE.

Blanche reparaît par la porte du premier étage sur la terrasse. Elle tient à la main un flambeau qui éclaire son visage.

BLANCHE, *sur la terrasse.*

Gaucher Mahiet ! nom de celui que j'aime,
Grave-toi dans mon cœur !

M. DE PIENNE, *aux gentilshommes.*

Messieurs ! c'est elle-même !

M. DE PARDAILLAN.

Voyons !

M. DE GORDES, *dédaigneusement.*

Quelque beauté bourgeoise !
A M. de Pienne.
Je te plains
Si tu fais ton régal des femmes de vilains !

En ce moment Blanche se retourne, de façon que les gentilshommes peuvent la voir.

M. DE PIENNE, *à M. de Gordes.*

Comment la trouves-tu !

MAROT.

La vilaine est jolie !

M. DE GORDES.

C'est une fée ! un ange ! une grâce accomplie !

M. DE PARDAILLAN.

Quoi ! c'est là la maîtresse à messer Triboulet !
Le sournois !

M. DE GORDES.

Le faquin !

MAROT.

La plus belle au plus laid.
C'est juste. — Jupiter aime à croiser les races.

Blanche rentre chez elle. On ne voit plus qu'une lumière à une fenêtre.

M. DE PIENNE.

Messieurs, ne perdons pas notre temps en grimaces.
Nous avons résolu de punir Triboulet.
Or, nous sommes ici tous, à l'heure qu'il est,

Avec notre rancune, et, de plus, une échelle.
Escaladons le mur et volons-lui sa belle,
Portons la dame au Louvre, et que sa majesté
A son lever demain trouve cette beauté.
M. DE COSSÉ.
Le roi mettra la main dessus, que je suppose.
MAROT.
Le diable à sa façon débrouillera la chose !
M. DE PIENNE.
Bien dit. A l'œuvre !
M. DE GORDES.
Au fait, c'est un morceau de roi.

Entre Triboulet.

TRIBOULET, *rêveur, au fond du théâtre.*
Je reviens... à quoi bon ! Ah ! je ne sais pourquoi.
M. DE COSSÉ, *aux gentilshommes.*
Çà, trouvez vous si bien, messieurs, que, brune et blonde,
Notre roi prenne ainsi la femme à tout le monde?
Je voudrais bien savoir ce que le roi dirait
Si quelqu'un usurpait la reine ?
TRIBOULET, *avançant de quelques pas.*
Oh ! mon secret !
—Ce vieillard m'a maudit !—quelque chose me trouble !
La nuit est si épaisse qu'il ne voit pas M. de Gordes
près de lui, et qu'il le heurte en passant.
Qui va là ?
M. DE GORDES, *revenant effaré, bas aux gentils-
hommes.*
Triboulet, messieurs !
M. DE COSSÉ, *bas.*
Victoire double !
Tuons le traître !
M. DE PIENNE.
Oh non !
M. DE COSSÉ.
Il est dans notre main.
M. DE PIENNE.
Et nous ne l'aurions plus pour en rire demain !
M. DE GORDES.
Oui, si nous le tuons, le tour n'est plus si drôle.
M. DE COSSÉ.
Mais il va nous gêner.
MAROT.
Laissez-moi la parole.
Je vais arranger tout.
TRIBOULET, *qui est resté dans son coin aux aguets
et l'oreille tendue.*
On s'est parlé tout bas.
MAROT, *approchant.*
Triboulet !
TRIBOULET, *d'une voix terrible.*
Qui va là ?
MAROT.
Là ! ne nous mange pas.
C'est moi.
TRIBOULET.
Qui, toi ?
MAROT.
Marot.
TRIBOULET.
Ah ! la nuit est si noire !
MAROT.
Oui, le diable s'est fait du ciel une écritoire.
TRIBOULET.
Dans quel but ?...
MAROT.
Nous venons, ne l'as-tu pas pensé ?
Enlever pour le roi madame de Cossé.
TRIBOULET, *respirant.*
Ah !... — Très-bien !

M. DE COSSÉ, *à part.*
Je voudrais lui rompre quelque membre !
TRIBOULET, *à Marot.*
Mais comment ferez-vous pour entrer dans sa chambre ?
MAROT, *bas à M. de Cossé.*
Donnez-moi votre clef.
M. de Cossé lui passe sa clef, qu'il transmet à Triboulet.
Tiens, touche cette clé.
Y sens-tu le blason de Cossé ciselé ?
TRIBOULET, *palpant la clef.*
Les trois feuilles de scie, oui.

A part.
Mon Dieu, suis-je bête ?
Montrant le mur à gauche.
Voilà l'hôtel Cossé. Que diable avais-je en tête ?
A Marot, en lui rendant la clef.
Vous enlevez sa femme, au gros Cossé? j'en suis !
MAROT.
Nous sommes tous masqués.
TRIBOULET.
Eh bien, un masque !
Marot lui met un masque et ajoute au masque un bandeau qu'il lui attache sur les yeux et sur les oreilles.
Et puis ?
MAROT.
Tu nous tiendras l'échelle ?
Les gentilshommes appliquent l'échelle au mur de la
terrasse. Marot y conduit Triboulet, auquel il la fait
tenir.
TRIBOULET, *les mains sur l'échelle.*
Hum ! êtes-vous en nombre ?
Je n'y vois plus du tout.
MAROT.
C'est que la nuit est sombre.
Aux autres, en riant.
Vous pouvez crier haut et marcher d'un pas lourd.
Le bandeau que voilà le rend aveugle et sourd.
Les gentilshommes montent l'échelle, enfoncent la porte
du premier étage sur la terrasse, et pénètrent dans
la maison. Un moment après, l'un d'eux reparaît dans
la cour, dont il ouvre la porte en dedans; puis le
groupe tout entier arrive à son tour dans la cour, et
franchit la porte, emportant Blanche demi-nue et
bâillonnée, qui se débat.
BLANCHE, *échevelée, dans l'éloignement.*
Mon père, à mon secours! Ô mon père !
VOIX DE GENTILSHOMMES, *dans l'éloignement.*
Victoire !
Ils disparaissent avec Blanche.
TRIBOULET, *resté seul au bas de l'échelle.*
Çà, me font-ils ici faire mon purgatoire?
— Ont-ils bientôt fini? quelle dérision !
Il lâche l'échelle, porte la main à son masque et rencontre le bandeau.
J'ai les yeux bandés !
Il arrache son bandeau et son masque. A la lumière de
la lanterne sourde, qui a été oubliée à terre, il y voit
quelque chose de blanc, il le ramasse et reconnaît le
voile de sa fille; il se retourne, l'échelle est appliquée
au mur de sa terrasse, la porte de sa maison est ouverte,
il y entre comme un furieux, et reparaît un
moment après traînant dame Bérarde bâillonnée et
demi-vêtue. Il la regarde avec stupeur, puis il s'arrache
les cheveux en poussant quelques cris inarticulés.
Enfin la voix lui revient.
Oh ! la malédiction !
Il tombe évanoui.

ACTE TROISIÈME.

L'antichambre du Roi au Louvre. — Dorures, ciselures, meubles, tapisseries dans le goût de la renaissance. — Sur le devant de la scène, une table, un fauteuil et un pliant. — Au fond, une grande porte dorée. — A gauche, la porte de la chambre à coucher du Roi, revêtue d'une portière en tapisserie. A droite, un dressoir chargé de vaisselles d'or et d'émaux. — La porte du fond s'ouvre sur un mail.

SCÈNE I.

LES GENTILSHOMMES.

M. DE GORDES.
Maintenant, arrangeons la fin de l'aventure.
M. DE PARDAILLAN.
Il faut que Triboulet s'intrigue, se torture,
Et ne devine pas que sa belle est ici !
M. DE COSSÉ.
Qu'il cherche sa maîtresse, oui, c'est fort bien ! mais
Les portiers cette nuit nous ont vu l'introduire ? [si
M. DE MONTCHENU.
Tous les huissiers du Louvre ont ordre de lui dire
Qu'ils n'ont point vu de femme entrer céans la nuit ?
M. DE PARDAILLAN.
De plus, un mien laquais, drôle aux ruses instruit,
Pour lui donner le change, est allé sur sa porte
Dire aux gens du bouffon que, d'une et d'autre sorte,
Il avait vu traîner à l'hôtel d'Hautefort
Une femme, à minuit, qui se débattait fort.
M. DE COSSÉ, *riant*.
Bon, l'hôtel d'Hautefort le jette loin du Louvre !
M. DE GORDES.
Serrons bien sur ses yeux le bandeau qui les couvre.
MAROT.
J'ai ce matin au drôle envoyé ce billet :
 Il tire un papier et lit.
« Je viens de t'enlever ta belle, ô Triboulet !
» Je l'emmène, s'il faut t'en donner des nouvelles,
» Hors de France avec moi. »
 Tous rient.
M. DE GORDES, *à Marot*.
 Signé ?
MAROT.
 Jean de Nivelles !
 Les éclats de rire redoublent.
M. DE PARDAILLAN.
Oh ! comme il va chercher !
M. DE COSSÉ.
 Je jouis de le voir.
M. DE GORDES.
Qu'il va, le malheureux, avec son désespoir,
Ses poings crispés, ses dents de colère serrées,
Nous payer en un jour de dettes arriérées !
La porte latérale s'ouvre. Entre le roi, vêtu d'un magnifique négligé du matin. Il est accompagné de M. de Pienne. Tous les courtisans se rangent et se découvrent. Le roi et M. de Pienne rient aux éclats.
LE ROI, *désignant la porte du fond*.
Elle est là ?
 M. DE PIENNE.
 La maîtresse à Triboulet !
 LE ROI.
 Vraiment !
Dieu ! souffler sa maîtresse à mon fou ! c'est charmant !
 M. DE PIENNE.
Sa maîtresse, ou sa femme !

LE ROI, *à part*.
 Une femme ! une fille !
Je ne le savais pas si père de famille !
 M. DE PIENNE.
Le roi la veut-il voir ?
 LE ROI.
 Pardieu !
M. de Pienne sort et revient un moment après soutenant Blanche, voilée et toute chancelante. Le roi s'assied nonchalamment dans son fauteuil.
 M. DE PIENNE, *à Blanche*.
 Ma belle, entrez.
Vous tremblerez après tant que vous le voudrez.
Vous êtes près du Roi.
 BLANCHE, *toujours voilée*.
 C'est le Roi ! ce jeune homme !
 Elle court se jeter aux pieds du Roi.
A la voix de Blanche, le Roi tressaille et fait signe à tous de sortir.

SCÈNE II.

LE ROI, BLANCHE.

Le Roi, resté seul avec Blanche, soulève le voile qui la cache.
 LE ROI.
Blanche !
 BLANCHE.
 Gaucher Mahiet ! ciel !
 LE ROI, *éclatant de rire*.
 Foi de gentilhomme,
Méprise ou fait exprès, je suis ravi du tour.
Vive Dieu ! ma beauté, ma Blanche, mon amour,
Viens dans mes bras !
 BLANCHE, *reculant*.
 Le Roi ! le Roi ! laissez-moi, sire ! —
Mon Dieu ! je ne sais plus comment parler, ni dire...—
Monsieur Gaucher Mahiet...—Non, vous êtes le Roi.
 Retombant à genoux.
Oh ! qui que vous soyez, ayez pitié de moi !
 LE ROI.
Avoir pitié de toi, Blanche ! moi qui t'adore !
Ce que Gaucher disait, François le dit encore.
Tu m'aimes, et je t'aime, et nous sommes heureux !
Être roi ne saurait gâter un amoureux. [être.
Enfant ! tu me croyais bourgeois, clerc, moins peut-
Parce que le hasard m'a fait un peu mieux naître,
Parce que je suis roi, ce n'est pas un motif
De me prendre en horreur subitement tout vif !
Je n'ai pas le bonheur d'être un manant, qu'importe !
 BLANCHE, *à part*.
Comme il rit ! ô mon Dieu, je voudrais être morte.
 LE ROI, *souriant et riant plus encore*.
Oh ! les fêtes, les jeux, les danses, les tournois,

Les doux propos d'amour le soir au fond des bois,
Cent plaisirs que la nuit couvrira de son aile;
Voilà ton avenir auquel le mien se mêle!
Oh! soyons deux amants, deux heureux, deux époux!
Il faut un jour vieillir, et la vie, entre nous,
Cette étoffe, où, malgré les ans qui la morcèlent,
Quelques instants d'amour par places étincellent,
N'est qu'un triste haillon sans ces paillettes-là!
Blanche, j'ai réfléchi souvent à tout cela,
Et voici la sagesse : honorons Dieu le père!
Aimons et jouissons, et faisons bonne chère!

BLANCHE, *atterrée et reculant.*

O mes illusions! qu'il est peu ressemblant!

LE ROI.

Quoi! me croyais-tu donc un amoureux tremblant,
Un cuistre, un de ces fous lugubres et sans flammes,
Qui pensent qu'il suffit, pour que toutes les femmes
Et tous les cœurs charmés se rendent devant eux,
De pousser des soupirs avec un air piteux!

BLANCHE, *le repoussant.*

Laissez-moi! — malheureuse!

LE ROI.

Oh! sais-tu qui nous sommes?
LaFrance, un peuple entier, quinze millions d'hommes,
Richesse, honneurs, plaisirs, pouvoir sans frein ni loi,
Tout est pour moi, tout est à moi, je suis le roi!
Hé bien! du souverain tu seras souveraine.
Blanche! je suis le roi; toi tu seras la reine!

BLANCHE.

La reine! et votre femme!

LE ROI, *riant.*

Innocence! ô vertu!
Ah! ma femme n'est pas ma maîtresse, vois-tu?

BLANCHE.

Votre maîtresse! oh non! quelle honte!

LE ROI.

La fière!

BLANCHE.

Je ne suis pas à vous, non, je suis à mon père!

LE ROI.

Ton père! mon bouffon! mon fou! mon Triboulet!
Ton père! il est à moi! j'en fais ce qui me plaît!
Il veut ce que je veux!

BLANCHE, *pleurant amèrement et la tête dans ses mains.*

O Dieu! mon pauvre père!
Quoi! tout est donc à vous!

Elle sanglote. Il se jette à ses pieds pour la consoler.

LE ROI, *avec un accent attendri.*

Blanche! oh! tu m'es bien chère.
Blanche! ne pleure plus. Viens sur mon cœur!

BLANCHE, *résistant.*

Jamais.

LE ROI, *tendrement.*

Tu ne m'as pas encor redit que tu m'aimais.

BLANCHE.

Oh! c'est fini!

LE ROI.

Je t'ai, sans le vouloir, blessée.
Ne sanglote donc pas comme une délaissée.
Oh! plutôt que de faire ainsi pleurer tes yeux,
J'aimerais mieux mourir, Blanche! j'aimerais mieux
Passer dans mon royaume et dans ma seigneurie
Pour un roi sans courage et sans chevalerie!
Un roi qui fait pleurer une femme! ô mon Dieu!
Lâcheté!

BLANCHE, *égarée et sanglotant.*

N'est-ce pas? tout ceci n'est qu'un jeu?
Si vous êtes le roi, j'ai mon père. Il me pleure.
Faites-moi ramener près de lui. Je demeure
Devant l'hôtel Cossé. Mais vous le savez bien.
Oh! qui donc êtes-vous? je n'y comprends plus rien.
Comme ils m'ont emportée avec des cris de fête!
Tout ceci comme un rêve est brouillé dans ma tête.

Pleurant.

Je ne sais même plus, vous que j'ai cru si doux,
Si je vous aime encor!

Reculant avec un mouvement de terreur.

Vous roi! — J'ai peur de vous!

LE ROI, *cherchant à la prendre dans ses bras.*

Je vous fais peur, méchante!

BLANCHE, *le repoussant.*

Oh! laissez-moi!

LE ROI, *la serrant de plus près.*

Qu'entends-je?
Un baiser de pardon!

BLANCHE, *se débattant.*

Non!

LE ROI, *riant, à part.*

Quelle fille étrange!

BLANCHE, *s'échappant de ses bras.*

Laissez-moi! — Cette porte!...

Elle aperçoit la porte de la chambre du Roi ouvert
s'y précipite, et la referme violemment sur elle.

LE ROI, *prenant une petite clef d'or à sa ceinture*

Oh! j'ai la clef sur moi.

Il ouvre la porte, la pousse vivement, entre, et la referme sur lui.

MAROT, *en observation à la porte du fond depuis quelques instants. Il rit.*

Elle se réfugie en la chambre du Roi!
O la pauvre petite!

Appelant M. de Gordes.

Hé, comte!

SCÈNE III.

MAROT, *puis* LES GENTILSHOMMES, *ensuite* TRIBOULET.

M. DE GORDES, *à Marot.*

Est-ce qu'on rentre?

MAROT.

Le lion a traîné la brebis dans son antre.

M. DE PARDAILLAN, *sautant de joie.*

Oh! pauvre Triboulet!

M. DE PIENNE, *qui est resté à la porte et qui a les yeux fixés vers le dehors.*

Chut! le voici!

M. DE GORDES, *bas aux seigneurs.*

Tout doux!
Çà, n'ayons l'air de rien et tenons-nous bien tous.

MAROT.

Messieurs, je suis le seul qu'il puisse reconnaître.
Il n'a parlé qu'à moi.

M. DE PIENNE.

Ne faisons rien paraître.

Entre Triboulet. Rien ne paraît changé en lui. Il a le costume et l'air indifférent du bouffon. Seulement, il est très-pâle.

2

M. DE PIENNE, *ayant l'air de poursuivre une conversation commencée et faisant des yeux aux plus jeunes gentilshommes qui compriment des rires étouffés en voyant Triboulet.*

Oui, messieurs, c'est alors, —
Qu'on fit cette chanson en forme de couplet :

Il chante :

  Quand Bourbon vit Marseille,
  Il a dit à ses gens :
  Vrai Dieu ! quel capitaine
  Trouverons-nous dedans ?

TRIBOULET, *continuant la chanson.*

  Au mont de la Coulombe
  Le passage est étroit,
  Montèrent tous ensemble
  En soufflant à leurs doigts,

Rires et applaudissements ironiques.

TOUS.

Parfait !

TRIBOULET, *qui s'est avancé lentement jusque sur le devant du théâtre, à part.*

Où peut-elle être ?

Il se remet à fredonner.

  Montèrent tous ensemble
  En soufflant à leurs doigts.

M. DE GORDES, *applaudissant.*

Ah ! Triboulet ! bravo !

TRIBOULET, *examinant tous ces visages qui rient autour de lui.*

A part.

Ils ont tous fait le coup, c'est sûr !

M. DE COSSÉ, *frappant sur l'épaule de Triboulet, avec un gros rire.*

Quoi de nouveau ?

Bouffon !

TRIBOULET, *aux autres, montrant M. de Cossé.*

Ce gentilhomme est lugubre à voir rire.

Contrefaisant M. de Cossé.

— Quoi de nouveau, bouffon ?

M. DE COSSÉ, *riant toujours.*

Oui, que viens-tu nous dire ?

TRIBOULET, *le regardant de la tête aux pieds.*

Que si vous vous mettez à faire le charmant,
Vous allez devenir encor plus assommant !

Pendant toute la première partie de la scène, Triboulet a l'air de chercher, d'examiner, de fureter. Le plus souvent, son regard seul indique cette préoccupation. Quelquefois, quand il croit qu'on n'a pas l'œil sur lui, il déplace un meuble, il tourne le bouton d'une porte pour voir si elle est fermée. Du reste, il cause avec tous comme à son habitude, d'une manière railleuse, insouciante et dégagée. Les gentilshommes, de leur côté, ricanent entre eux et se font des signes, tout en parlant de choses et d'autres.

TRIBOULET, *jetant un regard de côté.*

A part.

Où l'ont-ils cachée ? — Oh ! si je la leur demande,
Ils se riront de moi !

Accostant Marot d'un air riant.

Marot, ma joie est grande
Que tu ne te sois pas cette nuit enrhumé.

MAROT, *jouant la surprise.*

Cette nuit ?

TRIBOULET, *clignant de l'œil d'un air d'intelligence.*

Un bon tour, et dont je suis charmé !

MAROT.

Quel tour ?

TRIBOULET, *hochant la tête.*

Oui !

MAROT, *d'un air candide.*

Je me suis, pour toutes aventures,
Le couvre-feu sonnant, mis sous mes couvertures.
Et le soleil brillait quand je me suis levé.

TRIBOULET.

Ah ! tu n'es pas sorti cette nuit ? J'ai rêvé !

Il aperçoit un mouchoir sur une table et se jette dessus.

M. DE PARDAILLAN, *bas à M. de Pienne.*

Tiens, duc, de mon mouchoir il regarde la lettre.

TRIBOULET, *laissant retomber le mouchoir.*

A part.

Non, ce n'est pas le sien !

M. DE PIENNE, *à quelques jeunes gens qui rient au fond.*

Messieurs !...

TRIBOULET, *à part.*

Où peut-elle être ?

M. DE PIENNE, *à M. de Gordes.*

Qu'avez-vous donc à rire ainsi ?

M. DE GORDES, *montrant Marot.*

Pardieu, c'est lui
Qui nous fait rire !

TRIBOULET, *à part.*

Ils sont bien joyeux aujourd'hui !

M. DE GORDES, *à Marot, en riant.*

Ne me regarde pas de cet air malhonnête,
Ou je vais te jeter Triboulet à la tête.

TRIBOULET, *à M. de Pienne.*

Le Roi n'est pas encore éveillé ?

M. DE PIENNE.

Non, vraiment !

TRIBOULET.

Se fait-il quelque bruit dans son appartement ?

Il veut approcher de la porte. M. de Pardaillan le retient.

M. DE PARDAILLAN.

Ne va pas réveiller sa majesté !

M. DE GORDES, *à M. de Pardaillan.*

Vicomte,
Ce faquin de Marot nous fait un plaisant conte.
Les trois Guy, revenus, ma foi, l'on ne sait d'où,
Ont trouvé l'autre nuit, — qu'en dit ce maître fou ? —
Leurs femmes, toutes trois, avec d'autres...

MAROT.

Cachées.

TRIBOULET.

Les morales du temps se font si relâchées !

M. DE COSSÉ.

Les femmes, c'est si traître !

TRIBOULET, *à M. de Cossé.*

Oh ! prenez garde !

M. DE COSSÉ.

Quoi ?

TRIBOULET.

Prenez garde, monsieur de Cossé !

M. DE COSSÉ.

Quoi !

TRIBOULET.

Je voi
Quelque chose d'affreux qui vous pend à l'oreille.

M. DE COSSÉ.

Quoi donc ?

TRIBOULET, *lui riant au nez.*

Une aventure absolument pareille !

M. DE COSSÉ, *le menaçant avec colère.*

Hun !

TRIBOULET.

Messieurs, l'animal est, vraiment, curieux.

Voilà le cri qu'il fait quand il est furieux.
: Contrefaisant M. de Cossé.
—Hun !
Tous rient. Entre un gentilhomme à la livrée de la reine.

M. DE PIENNE.
Qu'est-ce, Vaudragon ?
LE GENTILHOMME.
       La reine ma maîtresse
Demande à voir le roi pour affaire qui presse.
M. de Pienne lui fait signe que la chose est impossible, le gentilhomme insiste.
Madame de Brézé n'est pas chez lui pourtant.
: M. DE PIENNE, *avec impatience.*
Le Roi n'est pas levé !
LE GENTILHOMME.
     Comment, duc ! dans l'instant
Il était avec vous.
M. DE PIENNE, *dont l'humeur redouble, et qui fait au gentilhomme des signes que celui-ci ne comprend pas et que Triboulet observe avec une attention profonde.*
    Le roi chasse !
LE GENTILHOMME.
        Sans pages
Et sans piqueurs alors ; car tous ses équipages
Sont là.
: M. DE PIENNE.
A part.
Diable !
Parlant au gentilhomme entre deux yeux et avec colère.
   On vous dit, comprenez-vous ceci ?
Que le Roi ne peut voir personne !
TRIBOULET, *éclatant et d'une voix de tonnerre.*
       Elle est ici !
Elle est avec le roi !
: Étonnement dans les gentilshommes.

M. DE GORDES.
    Qu'a-t-il donc ? il délire !
Elle !
TRIBOULET.
Oh ! vous savez bien, messieurs, qui je veux dire !
Ce n'est pas une affaire à me dire : va-t-en !
—La femme qu'à vous tous, Cossé, Pienne et Satan,
Brion, Montmorency !… la femme désolée
Que vous avez hier dans ma maison volée,
— Monsieur de Pardaillan, vous en étiez aussi !
— Oh ! je la reprendrai, messieurs ! — Elle est ici !
M. DE PIENNE, *riant.*
Triboulet a perdu sa maîtresse ! — gentille
Ou laide, qu'il la cherche ailleurs.
TRIBOULET, *effrayant.*
      Je veux ma fille !
TOUS.
Sa fille !
: Mouvement de surprise.
TRIBOULET, *croisant les bras.*
   C'est ma fille ! — Oui, riez maintenant !
Ah ! vous restez muets ! vous trouvez surprenant
Que ce bouffon soit père et qu'il ait une fille ?
Les loups et les seigneurs n'ont-ils pas leur famille ?
Ne puis-je avoir aussi la mienne ! allons ! assez !
D'une voix terrible.
Que si vous plaisantiez, c'est charmant, finissez !
Ma fille, je la veux, voyez-vous ! — Oui, l'on cause,
On chuchote, on se parle en riant de la chose.
Moi, je n'ai pas besoin de votre air triomphant.
Messeigneurs ! je vous dis qu'il me faut mon enfant !
Il se jette sur la porte du Roi.
Elle est là !
: Tous les gentilshommes se placent devant la porte, et l'empêchent.

MAROT.
  Sa folie en furie est tournée.
TRIBOULET, *reculant avec désespoir.*
Courtisans ! courtisans ! démons ! race damnée !
C'est donc vrai qu'ils m'ont pris ma fille, ces bandits !
—Une femme, à leurs yeux, ce n'est rien, je vous dis !
Quand le Roi, par bonheur, est un Roi de débauches,
Les femmes des seigneurs, lorsqu'ils ne sont pas gau-
         [ches,
Les servent fort. — L'honneur d'une vierge, pour eux,
C'est un luxe inutile, un trésor onéreux.
Une femme est un champ qui rapporte, une ferme
Dont le royal loyer se paie à chaque terme.
Ce sont mille faveurs pleuvant on ne sait d'où,
C'est un gouvernement, un collier sur le cou,
Un tas d'accroissements que sans cesse on augmente !
: Les regardant tous en face.
— En est-il parmi vous un seul qui me démente ?
N'est-ce pas que c'est vrai, messeigneurs ?—En effet,
  Il va de l'un à l'autre.
Vous lui vendriez tous, si ce n'est déjà fait,
Pour un nom, pour un titre, ou toute autre chimère,
: A M. de Brion.
Toi, ta femme, Brion !
: A M. de Gordes.
     Toi, ta sœur !
        Au jeune page Pardaillan.
          Toi, ta mère !
Un page se verse un verre de vin au buffet, et se met à boire en fredonnant :
  Quand Bourbon vit Marseille
  Il a dit à ses gens :
  Vrai dieu ! quel capitaine…
TRIBOULET, *se retournant.*
Je ne sais à quoi tient, vicomte d'Aubusson,
Que je te brise aux dents ton verre et ta chanson !
: A tous.
Qui le croirait ? des ducs et pairs, des grands d'Espagne,
O honte ! un Vermandois qui vient de Charlemagne,
Un Brion, dont l'aïeul était duc de Milan,
Un Gordes-Simiane, un Pienne, un Pardaillan,
Vous, un Montmorency ! — les plus grands noms qu'on
Avoir été voler sa fille à ce pauvre homme ! [nomme,
— Non, il n'appartient point à ces grandes maisons
D'avoir des cœurs si bas sous d'aussi fiers blasons !
Non, vous n'en êtes pas ! — Au milieu des huées
Vos mères aux laquais se sont prostituées !
Vous êtes tous bâtards !
M. DE GORDES.
      Ah çà, drôle !
TRIBOULET.
         Combien
Le Roi vous donne-t-il pour lui vendre mon bien !
Il a payé le coup, dites !
: S'arrachant les cheveux.
      Moi qui n'ai qu'elle !
— Si je voulais. — Sans doute. — Elle est jeune,
Certe, il me la paierait !   [elle est belle !
: Les regardant tous.
       Est-ce que votre Roi
S'imagine qu'il peut quelque chose pour moi ?
Peut-il couvrir mon nom d'un nom comme les vôtres ?
Peut-il me faire beau, bien fait, pareil aux autres ?
— Enfer ! il m'a tout pris ! — Oh ! que ce tour char-
Est vil, atroce, horrible, et s'est fait lâchement ! [mant
Scélérats ! assassins ! vous êtes des infâmes,
Des voleurs, des bandits, des tourmenteurs de femmes !
Messeigneurs, il me faut ma fille ! il me la faut
A la fin ! allez-vous me la rendre bientôt ? [d'illustre,
— O ! voyez ! — Cette main, — main qui n'a rien
Main d'un homme du peuple, et d'un serf, et d'un
Cette main qui paraît désarmée aux rieurs, [rustre,

2.

Et qui n'a pas d'épée, a des ongles, messieurs!
—Voici long-temps déjà que j'attends, il me semble!
Rendez-la-moi !—La porte! ouvrez-la!

Il se jette de nouveau en furieux sur la porte, que défendent tous les gentilshommes. Il lutte contre eux quelque temps et revient enfin tomber sur le devant du théâtre, épuisé, haletant, à genoux.

Tous ensemble

Contre moi ! dix contre un !

Fondant en larmes et en sanglots.

Hé bien ! je pleure, oui !

A Marot.

Marot, tu t'es de moi bien assez réjoui.
Si tu gardes une âme, une tête inspirée,
Un cœur d'homme du peuple, encor, sous ta livrée,
Où me l'ont-ils cachée, et qu'en ont-ils fait, dis?
Elle est là, n'est-ce pas? Oh ! parmi ces maudits,
Faisons cause commune en frères que nous sommes !
Toi seul as de l'esprit dans tous ces gentilshommes.
Marot ! mon bon Marot ! — Tu te tais !

Se traînant vers les seigneurs.

Oh ! voyez !
Je demande pardon, messeigneurs, sous vos pieds !
Je suis malade... Ayez pitié, je vous en prie!
— J'aurais un autre jour mieux pris l'espièglerie.
Mais, voyez-vous, souvent j'ai, quand je fais un pas,
Bien des maux dans le corps dont je ne parle pas.
On a comme cela ses mauvaises journées
Quand on est contrefait. — Depuis bien des années,
Je suis votre bouffon : Je demande merci !
Grâce ! ne brisez pas votre hochet ainsi ! —
Ce pauvre Triboulet qui vous a tant fait rire ! —
Vraiment ! je ne sais plus maintenant que vous dire.
Rendez-moi mon enfant, messeigneurs, rendez-moi
Ma fille, qu'on me cache en la chambre du Roi !
Mon unique trésor ! —Mes bons seigneurs ! par grâce !
Qu'est-ce que vous voulez à présent que je fasse
Sans ma fille? — Mon sort est déjà si mauvais !
C'était la seule chose au monde que j'avais !

Tous gardent le silence. Il se relève désespéré.

Ah Dieu ! Vous ne savez que rire ou que vous taire !
C'est donc un grand plaisir de voir un pauvre père
Se meurtrir la poitrine, et s'arracher du front
Des cheveux que deux nuits pareilles blanchiront !

La porte de la chambre du Roi s'ouvre brusquement. Blanche en sort éperdue, égarée, en désordre; elle vient tomber dans les bras de son père avec un cri terrible.

BLANCHE.

Mon père ! ah !

TRIBOULET, *la serrant dans ses bras.*

Mon enfant ! ah ! c'est elle ! ah, ma fille !
Ah ! messieurs !

Suffoqué de sanglots et riant au travers.

Voyez-vous? c'est toute ma famille,
Mon ange !—Elle de moins, quel deuil dans ma maison !
—Messeigneurs, n'est-ce pas que j'avais bien raison,
Qu'on ne peut m'en vouloir des sanglots que je pousse,
Et qu'une telle enfant, si charmante et si douce
Qu'à la voir seulement on deviendrait meilleur,
Cela ne se perd pas sans des cris de douleur?

A Blanche.

—Ne crains plus rien. —C'était une plaisanterie,
C'était pour rire. —Ils t'ont fait bien peur, je parie.
Mais ils sont bons. —Ils ont vu comme je t'aimais.
Blanche, ils nous laisseront tranquilles désormais.

Aux seigneurs.

— N'est-ce pas?

A Blanche en la serrant dans ses bras.

— Quel bonheur de te revoir encore !
J'ai tant de joie au cœur que maintenant j'ignore
Si ce n'est pas heureux,—je ris, moi qui pleurais!
De te perdre un moment pour te ravoir après !

La regardant avec inquiétude.

—Mais pourquoi pleurer, toi?

BLANCHE, *voilant dans ses mains son visage couvert de larmes et de rougeur.*

Malheureux que nous sommes !
La honte...

TRIBOULET, *tressaillant.*

Que dis-tu?

BLANCHE, *cachant sa tête dans la poitrine de son père.*

Pas devant tous ces hommes !
Rougir devant vous seul !

TRIBOULET, *se tournant avec un tremblement de rage vers la porte du Roi.*

Oh ! l'infâme ! — elle aussi !

BLANCHE, *sanglotant et tombant à ses pieds.*

Rester seule avec vous !

TRIBOULET, *faisant trois pas, et balayant du geste tous les seigneurs interdits.*

Allez-vous-en d'ici !
Et si le roi François par malheur se hasarde
A passer près d'ici,

A M. de Vermandois.

vous êtes de sa garde,
Dites-lui de ne pas entrer, — que je suis là !

M. DE PIENNE.

On n'a jamais rien vu de fou comme cela.

M. DE GORDES, *lui faisant signe de se retirer.*

Aux fous comme aux enfants on cède quelque chose.
Veillons pourtant de peur d'accident.

Ils sortent

TRIBOULET, *s'asseyant sur le fauteuil du Roi et relevant sa fille.*

Allons, cause,
Dis-moi tout.—

Il se retourne, et apercevant M. de Cossé qui est resté, il se lève à demi en lui montrant la porte.

M'avez-vous entendu, monseigneur ?

M. DE COSSÉ, *tout en se retirant comme subjugué par l'ascendant du bouffon.*

Ces fous, cela se croit tout permis, en honneur !

Il sort.

SCÈNE IV.

BLANCHE, TRIBOULET.

TRIBOULET, *grave.*

Parle à présent.

BLANCHE, *les yeux baissés, interrompue de sanglots.*

Mon père, il faut que je vous conte
Qu'il s'est hier glissé dans la maison... —

Pleurant et les mains sur ses yeux.

J'ai honte !

Triboulet la serre dans ses bras et lui essuie le front avec tendresse.

—Depuis long-temps,—j'aurais dû vous parler plus tôt,
Il me suivait.—
S'interrompant encore.
Il faut reprendre de plus haut.
—Il ne me parlait pas.—Il faut que je vous dise
Que ce jeune homme allait le dimanche à l'église…—

TRIBOULET.
Oui ! le Roi !

BLANCHE, *continuant.*
Que toujours, pour être vu, je croi,
Il remuait ma chaise en passant près de moi.
D'une voix de plus en plus faible.
Hier dans la maison il a su s'introduire…—

TRIBOULET.
Que je t'épargne au moins l'angoisse de tout dire !
Je devine le reste !—
Il se lève.
O douleur ! il a pris,
Pour en marquer ton front, l'opprobre et le mépris !
Son haleine a souillé l'air pur qui t'environne !
Il a brutalement effeuillé ta couronne !
Blanche ! ô mon seul asile en l'état où je suis !
Jour qui me réveillais au sortir de leurs nuits !
Ame par qui mon âme à la vertu remonte !
Voile de dignité déployé sur ma honte !
Seul abri du maudit à qui tout dit adieu !
Ange oublié chez moi par la pitié de Dieu !—
Ciel ! perdue, enfouie, en cette boue immonde,
La seule chose sainte où je crusse en ce monde !
Que vais-je devenir, après ce coup fatal,
Moi qui dans cette cour, prostituée au mal,
Hors de moi comme en moi, ne voyais sur la terre
Que vice, effronterie, impudeur, adultère,
Infamie et débauche, et n'avais sous les cieux
Que ta virginité pour reposer mes yeux !—
Je m'étais résigné, j'acceptais ma misère.
Les pleurs, l'abjection profonde et nécessaire,
L'orgueil qui toujours saigne au fond du cœur brisé,
Le rire du mépris sur mes maux aiguisé,
Oui, toutes ces douleurs où la honte se mêle,
J'en voulais bien pour moi, mon Dieu, mais non pour elle !
Plus j'étais tombé bas, plus je la voulais haut.
Il faut bien un autel auprès d'un échafaud.

L'autel est renversé !—Cache ton front,—oui, pleure,
Chère enfant, je t'ai fait trop parler tout à l'heure,
N'est-ce pas ? pleure bien.—Une part des douleurs,
A ton âge, parfois, s'écoule avec les pleurs.—
Verse tout, si tu peux, dans le cœur de ton père !
Rêvant.
Blanche, quand j'aurai fait ce qui me reste à faire,
Nous quitterons Paris.— Si j'échappe pourtant !
Rêvant toujours.
Quoi, suffit-il d'un jour pour que tout change tant !
Se relevant avec fureur.
O malédiction ! qui donc m'aurait pu dire
Que cette cour infâme, effrénée, en délire,
Qui va, qui court, broyant et la femme et l'enfant,
Échappée à travers tout ce que Dieu défend,
N'effaçant un forfait que par un plus étrange,
Éparpillant au loin du sang et de la fange,
Irait, jusque dans l'ombre où tu fuyais leurs yeux,
Éclabousser ce front chaste et religieux !
Se tournant vers la chambre du Roi.
O roi François premier ! puisse Dieu qui m'écoute
Te faire trébucher bientôt dans cette route !
Puisse s'ouvrir demain le sépulcre où tu cours !

BLANCHE, *levant les yeux au ciel.*
A part.
O Dieu ! n'écoutez pas, car je l'aime toujours !

Bruit de pas au fond du théâtre : dans la galerie extérieure paraît un cortége de soldats et de gentilshommes. A leur tête, M. de Pienne.

M. DE PIENNE, *appelant.*
Monsieur de Montchenu, faites ouvrir la grille
Au sieur de Saint-Vallier qu'on mène à la Bastille.
Le groupe de soldats défile deux à deux au fond. Au moment où M. de Saint-Vallier, qu'ils entourent, passe devant la porte, il s'y arrête et se tourne vers la chambre du Roi.

M. DE SAINT-VALLIER, *d'une voix haute.*
Puisque par votre Roi d'outrages abreuvé,
Ma malédiction n'a pas encor trouvé
Ici bas ni là-haut de voix qui me réponde,
Pas une foudre au ciel, pas un bras d'homme au monde,
Je n'espère plus rien. Ce Roi prospérera.

TRIBOULET, *relevant la tête et le regardant en face.*
Comte ! vous vous trompez.—Quelqu'un vous vengera !

ACTE QUATRIÈME.

Une grève déserte au bord de la Seine, au-dessous de Saint-Germain. — A droite, une masure misérablement meublée de grosses poteries et d'escabeaux de chêne, avec un premier étage en grenier où l'on distingue un grabat par la fenêtre. La devanture de cette masure tournée vers le spectateur est tellement à jour qu'on en voit tout l'intérieur. Il y a une table, une cheminée, et au fond un roide escalier qui mène au grenier. Celle des faces de cette masure qui est à la gauche de l'acteur est percée d'une porte qui s'ouvre en dedans. Le mur est mal joint, troué de crevasses et de fentes, et il est facile de voir au travers ce qui se passe dans la maison. Il y a un judas grillé à la porte, qui est recouverte au dehors d'un auvent et surmontée d'une enseigne d'auberge. — Le reste du théâtre représente la grève. — A gauche, il y a un vieux parapet en ruine au bas duquel coule la Seine, et dans lequel est scellé le support de la cloche du bac. — Au fond, au delà de la rivière, le bois du Vésinet. A droite, un détour de la Seine laisse voir la colline de Saint-Germain avec la ville et le château dans l'éloignement.

SCÈNE I.

TRIBOULET, BLANCHE, *en dehors*, SALTABADIL *dans la maison.*

Pendant toute cette scène, Triboulet doit avoir l'air inquiet et préoccupé d'un homme qui craint d'être dérangé, vu et surpris. Il doit regarder souvent autour de lui, et surtout du côté de la masure. Saltabadil, assis dans l'auberge, près d'une table, s'occupe à fourbir son ceinturon sans rien entendre de ce qui se passe à côté.

TRIBOULET.
Et tu l'aimes !

BLANCHE.
Toujours !

TRIBOULET.
Je t'ai pourtant laissé
Tout le temps de guérir cet amour insensé.

BLANCHE.
Je l'aime.

TRIBOULET.
O pauvre cœur de femme ! — Mais explique
Tes raisons de l'aimer.

BLANCHE.
Je ne sais.

TRIBOULET.
C'est unique !
C'est étrange !

BLANCHE.
Oh ! non pas. C'est bien cela qui fait
Justement que je l'aime. On rencontre en effet
Des hommes quelquefois qui vous sauvent la vie,
Des maris qui vous font riche et digne d'envie. —
Les aime-t-on toujours ? — Lui ne m'a fait, je crois,
Que du mal, et je l'aime, et j'ignore pourquoi.
Tenez, c'est à ce point qu'il n'est rien que j'oublie,
Et que, s'il le fallait, — voyez quelle folie !
Lui qui m'est si fatal, vous qui m'êtes si doux,
Mon père, je mourrais pour lui comme pour vous !

TRIBOULET.
Je te pardonne, enfant !

BLANCHE.
Mais, écoutez, il m'aime.

TRIBOULET.
Non ! — Folle !

BLANCHE.
Il me l'a dit ! il me l'a juré même !
Et puis il dit si bien, et d'un air si vainqueur,
De ces choses d'amour qui vous prennent au cœur !
Et puis il a des yeux si doux pour une femme !
C'est un roi brave, illustre et beau !

TRIBOULET, *éclatant*.
C'est un infâme !
Il ne sera pas dit, le lâche suborneur,
Qu'il m'ait impunément arraché mon bonheur !

BLANCHE.
Vous aviez pardonné, mon père...

TRIBOULET.
Au sacrilége !
Il me fallait le temps de construire le piége.
Voilà.

BLANCHE.
Depuis un mois, — je vous parle en tremblant, —
Vous avez l'air d'aimer le Roi.

TRIBOULET.
Je fais semblant.
— Je te vengerai, Blanche !

BLANCHE, *joignant les mains*.
Épargnez-moi, mon père !

TRIBOULET.
Te viendrait-il du moins au cœur quelque colère,
S'il te trompait ?

BLANCHE.
Lui, non. Je ne crois pas cela.

TRIBOULET.
Et si tu le voyais de ces yeux que voilà ?
Dis, s'il ne t'aimait plus, tu l'aimerais encore ?

BLANCHE.
Je ne sais pas. — Il m'aime, il me dit qu'il m'adore.
Il me l'a dit hier !

TRIBOULET, *amèrement*.
A quelle heure ?

BLANCHE.
Hier soir !

TRIBOULET.
Eh bien ! regarde donc, et vois, si tu peux voir !
Il désigne à Blanche une des crevasses du mur de la maison ; elle regarde.

BLANCHE, *bas*.
Je ne vois rien qu'un homme.

TRIBOULET, *baissant aussi la voix*.
Attends un peu.
Le roi, vêtu en simple officier, paraît dans la salle basse de l'hôtellerie. Il entre par une petite porte qui communique avec quelque chambre voisine.

BLANCHE, *tressaillant*.
Mon père !
Pendant toute la scène qui suit, elle demeure collée à la crevasse du mur, regardant, écoutant tout ce qui se passe dans l'intérieur de la salle, inattentive à tout le reste, agitée par moments d'un tremblement convulsif.

SCÈNE II.

LES MÊMES, LE ROI, MAGUELONNE.

Le Roi frappe sur l'épaule de Saltabadil, qui se retourne dérangé brusquement dans son opération.

LE ROI.
Deux choses, sur-le-champ.

SALTABADIL.
Quoi?
LE ROI.
Ta sœur et mon verre.
TRIBOULET, *dehors.*
Voilà ses mœurs. Ce roi par la grâce de Dieu
Se risque souvent seul dans plus d'un méchant lieu,
Et le vin qui le mieux le grise et le gouverne
Est celui que lui verse une Hébé de taverne!

LE ROI, *dans le cabaret, chantant.*

Souvent femme varie,
Bien fol est qui s'y fie!
Une femme souvent
N'est qu'une plume au vent!

Saltabadil est allé silencieusement chercher dans la pièce voisine une bouteille et un verre qu'il apporte sur la table. Puis il frappe deux coups au plafond avec le pommeau de sa longue épée. A ce signal, une belle jeune fille, vêtue en bohémienne, leste et riante, descend l'escalier en sautant. Dès qu'elle entre, le Roi cherche à l'embrasser, mais elle lui échappe.

LE ROI, *à Saltabadil, qui s'est remis gravement à frotter son baudrier.*
L'ami, ton ceinturon deviendrait bien plus clair
Si tu l'allais un peu nettoyer en plein air.
SALTABADIL.
Je comprends.

Il se lève, salue gauchement le Roi, ouvre la porte du dehors, et sort en la refermant après lui. Une fois hors de la maison, il aperçoit Triboulet, vers qui il se dirige d'un air de mystère. Pendant les quelques paroles qu'ils échangent, la jeune fille fait des agaceries au Roi, et Blanche observe avec terreur.

SALTABADIL, *bas à Triboulet, désignant du doigt la maison.*
Voulez-vous qu'il vive ou bien qu'il meure?
Votre homme est dans nos mains. — Là.
TRIBOULET.
Reviens tout à l'heure.

Il lui fait signe de s'éloigner. Saltabadil disparaît à pas lents derrière le vieux parapet. Pendant ce temps-là, le Roi lutine la jeune bohémienne, qui le repousse en riant.

MAGUELONNE, *que le Roi veut embrasser.*
Nenni!
LE ROI.
Bon. Dans l'instant, pour te serrer de près,
Tu m'as très-fort battu, Nenni, c'est un progrès.
Nenni, c'est un grand pas! — toujours elle recule!
— Causons. —

La bohémienne se rapproche.

Voilà huit jours. — C'est à l'hôtel d'Hercule...
— Qui m'avait mené là? mons Triboulet, je crois, —
Que j'ai vu tes beaux yeux pour la première fois.
Or, depuis ces huit jours, belle enfant, je t'adore,
Je n'aime que toi seule!
MAGUELONNE, *riant.*
Et vingt autres encore!
Monsieur, vous m'avez l'air d'un libertin parfait!
LE ROI, *riant aussi.*
Oui, j'ai fait le malheur de plus d'une, en effet.
C'est vrai, je suis un monstre!
MAGUELONNE.
Oh! le fat!
LE ROI.
Je t'assure.
Çà, tu m'as ce matin mené dans ta masure,
Méchante hôtellerie où l'on dîne fort mal,
Avec du vin que fait ton frère, un animal
Fort laid, et qui doit être un drôle bien farouche
D'oser montrer son mufle à côté de ta bouche.
C'est égal, je prétends y passer cette nuit.

MAGUELONNE, *à part.*
Bon, cela va tout seul!
Au Roi, qui veut encore l'embrasser.
Laissez-moi!
LE ROI.
Que de bruit!
MAGUELONNE.
Soyez sage!
LE ROI.
Voici la sagesse! ma chère.
— Aimons, et jouissons, et faisons bonne chère.
Je pense là-dessus comme feu Salomon.
MAGUELONNE.
Tu vas au cabaret plus souvent qu'au sermon!
LE ROI, *lui tendant les bras.*
Maguelonne!
MAGUELONNE, *lui échappant.*
Demain!
LE ROI.
Je renverse la table
Si tu redis ce mot sauvage et détestable.
Jamais une beauté ne doit dire demain!
MAGUELONNE, *s'apprivoisant tout d'un coup et venant s'asseoir gaiement sur la table à côté du Roi.*
Hé bien, faisons la paix.
LE ROI, *lui prenant la main.*
Mon Dieu, la belle main!
Et qu'on recevrait mieux, sans être un bon apôtre,
Soufflets de celle-là que caresses d'une autre!
MAGUELONNE, *charmée.*
Vous vous moquez!
LE ROI.
Jamais!
MAGUELONNE.
Je suis laide!
LE ROI.
Oh! non pas.
Rends donc plus de justice à tes divins appas!
Je brûle! ignores-tu, reine des inhumaines,
Comme l'amour nous tient, nous autres capitaines,
Et que, quand la beauté nous accepte pour siens,
Nous sommes braise et feu jusque chez les russiens!
MAGUELONNE, *éclatant de rire.*
Vous avez lu cela quelque part dans un livre.
LE ROI, *à part.*
C'est possible.
Haut.
Un baiser!
MAGUELONNE.
Allons! vous êtes ivre!
LE ROI, *souriant.*
D'amour!
MAGUELONNE.
Vous vous raillez, avec votre air mignon,
Monsieur l'insouciant de belle humeur!
LE ROI.
Oh non!
Le Roi l'embrasse.
MAGUELONNE.
C'est assez!
LE ROI.
Çà, je veux t'épouser.
MAGUELONNE, *riant.*
Ta parole?
LE ROI.
Quelle fille d'amour délicieuse et folle!

Il la prend sur ses genoux et se met à lui parler tout bas. Elle rit et minaude. Blanche n'en peut supporter davantage. Elle se retourne, pâle et tremblante, vers Triboulet.

TRIBOULET, *après l'avoir regardée un instant en silence.*
Hé bien! que penses-tu de la vengeance, enfant?

BLANCHE, *pouvant à peine parler.*
O trahison ! — L'ingrat ! — Grand Dieu ! mon cœur se [fend!
Oh ! comme il me trompait ! — Mais c'est qu'il n'a point [d'âme,
Mais c'est abominable, il dit à cette femme
Des choses qu'il m'avait déjà dites à moi !

Cachant sa tête dans la poitrine de son père.

— Et cette femme, est-elle effrontée ! — Oh !...

TRIBOULET, *à voix basse.*
Tais-toi.
Pas de pleurs. Laisse-moi te venger !

BLANCHE.
Hélas ! — Faites
Tout ce que vous voudrez.

TRIBOULET.
Merci !

BLANCHE.
Grand Dieu ! vous êtes
Effrayant. Quel dessein avez-vous ?

TRIBOULET.
Tout est prêt.
Ne me le reprends pas, cela m'étoufferait !
Écoute. Va chez moi, prends-y des habits d'homme,
Un cheval, de l'argent, n'importe quelle somme,
Et pars, sans t'arrêter un instant en chemin,
Pour Évreux, où j'irai te joindre après demain.
— Tu sais, ce coffre auprès du portrait de ta mère ?
L'habit est là. — Je l'ai d'avance exprès fait faire.
— Le cheval est sellé. — Que tout soit fait ainsi.
Va. — Surtout garde-toi de revenir ici,
Car il va s'y passer une chose terrible.
Va.

BLANCHE.
Venez avec moi, mon bon père !

TRIBOULET.
Impossible.
Il l'embrasse.

BLANCHE.
Ah ! je tremble !

TRIBOULET.
A bientôt !

Il l'embrasse encore. Blanche se retire en chancelant.
Fais ce que je te dis.

Pendant toute cette scène et la suivante, le Roi et Maguelonne, toujours seuls dans la salle basse, continuent de se faire des agaceries et de se parler à voix basse en riant. — Une fois Blanche éloignée, Triboulet va au parapet, et fait un signe. Saltabadil reparaît. Le jour baisse.

SCÈNE III.

TRIBOULET, SALTABADIL, *dehors.* — MAGUELONNE, LE ROI, *dans la maison.*

TRIBOULET, *comptant des écus d'or devant Saltabadil.*
Tu m'en demandes vingt, en voici d'abord dix.

S'arrêtant au moment de les lui donner.
Il passe ici la nuit, pour sûr ?

SALTABADIL, *qui a été examiner l'horizon avant de répondre.*
Le temps se couvre.

TRIBOULET, *à part.*
Au fait, il ne va pas toujours coucher au Louvre.

SALTABADIL.
Soyez tranquille ; avant une heure il va pleuvoir.
La tempête et ma sœur le retiendront ce soir.

TRIBOULET.
A minuit, je reviens.

SALTABADIL.
N'en prenez pas la peine.
Je puis jeter tout seul un cadavre à la Seine.

TRIBOULET.
Non, je veux l'y jeter moi-même !

SALTABADIL.
A votre gré.
Tout cousu dans un sac, je vous le livrerai.

TRIBOULET, *lui donnant l'argent.*
Bien. — A minuit ! — J'aurai le reste de la somme.

SALTABADIL.
Tout sera fait. — Comment nommez-vous ce jeune

TRIBOULET.   [homme ?
Son nom ? Veux-tu savoir le mien également ?
Il s'appelle le crime, et moi le châtiment !

Il sort.

SCÈNE IV.

LES MÊMES, *moins* TRIBOULET.

SALTABADIL, *resté seul, examinant l'horizon qui se charge de nuages du côté de Saint-Germain. La nuit est presque tombée ; quelques éclairs.*
L'orage vient, la ville en est presque couverte.
Tant mieux, tantôt la grève en sera plus déserte.

Réfléchissant.
Autant qu'on peut juger de tout ceci, ma foi,
Tous ces gens-là m'ont l'air d'avoir on ne sait quoi.
Je ne devine rien de plus, n'aze me quille !
Il examine le ciel en hochant la tête. Pendant ce temps-
là, le Roi badine avec Maguelonne.

LE ROI, *essayant de lui prendre la taille.*
Maguelonne !

MAGUELONNE, *lui échappant.*
Attendez !

LE ROI.
O la méchante fille !

MAGUELONNE, *chantant.*
Bourgeon qui pousse en avril
Met peu de vin au baril.

LE ROI.
Quelle épaule ! quel bras ! ma charmante ennemie,
Qu'il est blanc ! — Jupiter ! la belle anatomie !
Pourquoi faut-il que Dieu qui fit ces beaux bras nus
Ait mis le cœur d'un Turc dans ce corps de Vénus ?

MAGUELONNE.
Lairelanlaire !

Repoussant encore le Roi.
Point. Mon frère vient.

Entre Saltabadil, qui referme la porte sur lui.

LE ROI.
Qu'importe !

On entend un tonnerre éloigné.

MAGUELONNE.
Il tonne.

SALTABADIL.
Il va pleuvoir d'une admirable sorte.

LE ROI, *frappant sur l'épaule de Saltabadil.*
Bon, qu'il pleuve. — Il me plaît cette nuit de choisir
Ta chambre pour logis.

MAGUELONNE.
C'est votre bon plaisir ?
Prend-il des airs de roi ! — Monsieur, votre famille
S'alarmera.

Saltabadil la tire par le bras et lui fait des signes.

LE ROI.
Je n'ai ni grand'mère, ni fille,

Et je ne tiens à rien.
SALTABADIL, *à part.*
Tant mieux !
La pluie commence à tomber à larges gouttes.
Il est nuit noire.
LE ROI, *à Saltabadil.*
Tu coucheras,
Mon cher, à l'écurie, au diable, où tu voudras.
SALTABADIL, *saluant.*
Merci.
MAGUELONNE, *au Roi, très-bas et très-vivement,
tout en allumant une lampe.*
Va-t'en !
LE ROI, *éclatant de rire et tout haut.*
Il pleut ! veux-tu pas que je sorte
D'un temps à ne pas mettre un poëte à la porte ?
Il va regarder à la fenêtre.
SALTABADIL, *bas à Maguelonne, lui montrant l'or
qu'il a dans la main.*
Laisse-le donc rester ! — Dix écus d'or ! et puis
Dix autres à minuit !
Gracieusement au Roi.
Trop heureux si je puis
Offrir pour cette nuit à monseigneur ma chambre !
LE ROI, *riant.*
On y grille en juillet, en revanche en décembre
On y gèle, est-ce pas ?
SALTABADIL.
Monsieur la veut-il voir ?
LE ROI.
Voyons.
*Saltabadil prend la lampe. Le Roi va dire deux mots en
riant à l'oreille de Maguelonne. Puis tous deux montent l'échelle qui mène à l'étage supérieur, Saltabadil
précédant le Roi.*

MAGUELONNE, *restée seule.*
Pauvre jeune homme !
Allant à une fenêtre.
O mon Dieu ! qu'il fait noir !
*On voit par la lucarne d'en haut Saltabadil et le Roi
dans le grenier.*
SALTABADIL, *au Roi.*
Voici le lit, monsieur, la chaise, et puis la table.
LE ROI.
Combien de pieds en tout ?
Il regarde alternativement le lit, la table et la chaise.
Trois, six, neuf, — admirable !
Tes meubles étaient donc à Marignan, mon cher,
Qu'ils sont tout éclopés ?
S'approchant de la lucarne, dont les carreaux sont cassés.
Et l'on dort en plein air.
Ni vitres, ni volets. Impossible qu'on traite
Le vent qui veut entrer de façon plus honnête !
*A Saltabadil, qui vient d'allumer une veilleuse sur la
table.*
Bonsoir.
SALTABADIL.
Que Dieu vous garde !
Il sort, pousse la porte et on l'entend redescendre lentement l'escalier.
LE ROI, *seul, débouclant son baudrier.*
Ah ! je suis las, mordieu ! —
Donc, en attendant mieux, je vais dormir un peu.
*Il pose sur la chaise son chapeau et son épée, défait
ses bottes et s'étend sur le lit.*
Que cette Maguelonne est fraîche, vive, alerte !
Se redressant.
J'espère bien qu'il a laissé la porte ouverte.
— Oui, c'est bien !
Il se recouche, et un moment après on le voit profondément endormi sur le grabat. Cependant Maguelonne et Saltabadil sont tous deux dans la salle inférieure. L'orage a éclaté depuis quelques instants. Il couvre le théâtre de pluie et d'éclairs. A chaque instant des coups de tonnerre. Maguelonne est assise près de la table quelque couture à la main. Son frère achève de vider d'un air réfléchi la bouteille qu'a laissée le Roi. Tous deux gardent quelque temps le silence, comme préoccupés d'une idée grave.

MAGUELONNE.
Ce jeune homme est charmant !
SALTABADIL.
Je crois bien.
Il met vingt écus d'or dans ma poche.
MAGUELONNE.
Combien ?
SALTABADIL.
Vingt écus.
MAGUELONNE.
Il valait plus que cela.
SALTABADIL.
Poupée !
Va voir là-haut s'il dort. N'a-t-il pas une épée ?
Descends-la.
*Maguelonne obéit. L'orage est dans toute sa violence.
On voit paraître au fond du théâtre Blanche, vêtue
d'habits d'homme, habit de cheval, des bottes et des
éperons, en noir ; elle s'avance lentement vers la masure, tandis que Saltabadil boit et que Maguelonne,
dans le grenier, considère avec sa lampe le Roi endormi.*
MAGUELONNE, *les larmes aux yeux.*
Quel dommage !
Elle prend l'épée.
Il dort. Pauvre garçon !
Elle redescend et rapporte l'épée à son frère.

SCÈNE V.

LE ROI *endormi dans le grenier,* SALTABADIL
et MAGUELONNE *dans la salle basse,* BLANCHE
dehors.

BLANCHE, *venant à pas lents dans l'ombre, à la
lueur des éclairs. Il tonne à chaque instant.*
Une chose terrible ? — Ah ! je perds la raison.
— Il doit passer la nuit dans cette maison même.
— Oh ! je sens que je touche à quelque instant suprême !
Mon père, pardonnez, vous n'êtes plus ici,
Je vous désobéis d'y revenir ainsi.
Mais je n'y puis tenir. —
S'approchant de la maison.
Qu'est-ce donc qu'on va faire ?
Comment cela va-t-il finir ? — Moi qui naguère,
Ignorant l'avenir, le monde et les douleurs,
Pauvre fille, vivais cachée avec des fleurs,
Me voir soudain jetée en des choses si sombres !—
Ma vertu, mon bonheur, hélas, tout est décombres !
Tout est deuil ! — Dans les cœurs où ses flammes ont lui
L'amour ne laisse donc que ruine après lui ?
De tout cet incendie il reste un peu de cendre.
Il ne m'aime donc plus ! —
Relevant la tête.
Il me semblait entendre,
Tout à l'heure, à travers ma pensée, un grand bruit

Sur ma tête. Il tonnait, je crois. — L'affreuse nuit !
Il n'est rien qu'une femme au désespoir ne fasse.
Moi qui craignais mon ombre ! —
Apercevant la lumière de la maison.
Oh ! qu'est-ce qui se passe !
Elle avance, puis recule.
Tandis que je suis là, Dieu ! j'ai le cœur saisi,
Pourvu qu'on n'aille pas tuer quelqu'un ici !
Maguelonne et Saltabadil se remettent à causer dans la salle voisine.

SALTABADIL.
Quel temps !
MAGUELONNE.
Pluie et tonnerre.
SALTABADIL.
Oui, l'on fait à cette heure
Mauvais ménage au ciel ; l'un gronde et l'autre pleure.
BLANCHE.
Si mon père savait à présent où je suis !
MAGUELONNE.
Mon frère !
BLANCHE, *tressaillant.*
On a parlé, je crois.
Elle se dirige en tremblant vers la maison, et applique à la fente du mur ses yeux et ses oreilles.
MAGUELONNE.
Mon frère !
SALTABADIL.
Et puis ?
MAGUELONNE.
Sais-tu, mon frère, à quoi je pense ?
SALTABADIL.
Non.
MAGUELONNE.
Devine.
SALTABADIL.
Au diable !
MAGUELONNE.
Ce jeune homme est de fort bonne mine.
Grand, fier comme Apollo, beau, galant par-dessus.
Il m'aime fort. Il dort comme un enfant Jésus.
Ne le tuons pas.
BLANCHE, *qui entend et voit tout.*
Ciel !
SALTABADIL, *tirant d'un coffre un vieux sac de toile et un pavé, et présentant le sac à Maguelonne d'un air impassible.*
Recouds-moi tout de suite
Ce vieux sac.
MAGUELONNE.
Pourquoi donc ?
SALTABADIL.
Pour y mettre au plus vite,
Quand j'aurai dépêché là-haut ton Apollo,
Son cadavre et ce grès, et tout jeter à l'eau.
MAGUELONNE.
Mais..
SALTABADIL.
Ne te mêle pas de cela, Maguelonne.
MAGUELONNE.
Si...
SALTABADIL.
Si l'on t'écoutait, on ne tuerait personne.
Raccommode le sac.
BLANCHE.
Quel est ce couple-ci ?
N'est-ce pas dans l'enfer que je regarde ainsi !
MAGUELONNE, *se mettant à raccommoder le sac.*
J'obéis. — Mais causons.
SALTABADIL.
Soit.

MAGUELONNE.
Tu n'as pas de haine
Contre ce cavalier ?
SALTABADIL.
Moi ! C'est un capitaine !
J'aime les gens d'épée, en étant moi-même un.
MAGUELONNE.
Tuer un beau garçon, qui n'est pas du commun,
Pour un méchant bossu fait comme une S !
SALTABADIL.
En somme,
J'ai reçu d'un bossu pour tuer un bel homme,
Cela m'est fort égal, dix écus tout d'abord.
J'en aurai dix de plus en livrant l'homme mort.
Livrons. C'est clair.
MAGUELONNE.
Tu peux tuer le petit homme
Quand il va repasser avec toute la somme.
Cela revient au même.
BLANCHE.
O mon père !
MAGUELONNE.
Est-ce dit ?
SALTABADIL, *regardant Maguelonne en face.*
Hein ? pour qui me prends-tu, ma sœur ? suis-je un ban-
Suis-je un voleur ? tuer un client qui me paie ! [dit ?
MAGUELONNE, *lui montrant un fagot.*
Hé bien ! mets dans le sac ce fagot de futaie.
Dans l'ombre, il le prendra pour son homme.
SALTABADIL.
C'est fort.
Comment veux-tu qu'on prenne un fagot pour un mort ?
C'est immobile, sec, tout d'une pièce, roide.
Cela n'est pas vivant.
BLANCHE.
Que cette pluie est froide !
MAGUELONNE.
Grâce pour lui.
SALTABADIL.
Chansons !
MAGUELONNE.
Mon bon frère !
SALTABADIL.
Plus bas !
Il faut qu'il meure ! Allons, tais-toi.
MAGUELONNE.
Je ne veux pas !
Je l'éveille et le fais évader.
BLANCHE.
Bonne fille !
SALTABADIL.
Et les dix écus d'or ?
MAGUELONNE.
C'est vrai.
SALTABADIL.
Là, sois gentille,
Laisse-moi faire, enfant !
MAGUELONNE.
Non. Je veux le sauver !
Maguelonne se place d'un air déterminé devant l'escalier, pour barrer le passage à son frère. Saltabadil, vaincu par sa résistance, revient sur le devant de la scène et parait chercher dans son esprit un moyen de tout concilier.
SALTABADIL.
Voyons. — L'autre à minuit viendra me retrouver.
Si d'ici là quelqu'un, un voyageur, n'importe,
Vient nous demander gîte et frappe à notre porte,
Je le prends, je le tue, et puis, au lieu du tien,
Je le mets dans le sac. L'autre n'y verra rien.
Il jouira toujours autant dans la nuit close,
Pourvu qu'il jette à l'eau quelqu'un ou quelque chose.
C'est tout ce que je puis faire pour toi.

MAGUELONNE.
Merci.
Mais qui diable veux-tu qui passe par ici?
SALTABADIL.
Seul moyen de sauver ton homme.
MAGUELONNE.
A pareille heure?
BLANCHE.
O Dieu! vous me tentez, vous voulez que je meure!
Faut-il que pour l'ingrat je franchisse ce pas?
Oh! non, je suis trop jeune! — Oh! ne me poussez
Mon Dieu! [pas,
Il tonne.

MAGUELONNE.
S'il vient quelqu'un dans une nuit pareille,
Je m'engage à porter la mer dans ma corbeille.
SALTABADIL.
Si personne ne vient, ton beau jeune homme est mort.
BLANCHE, *frissonnant*, [dort.
Horreur! — Si j'appelais le guet?... mais non, tout
D'ailleurs, cet homme-là dénoncerait mon père.
Je ne veux pas mourir pourtant. J'ai mieux à faire,
J'ai mon père à soigner, à consoler, et puis
Mourir avant seize ans, c'est affreux. Je ne puis!
O Dieu! sentir le fer entrer dans ma poitrine!
Ah!
Une horloge frappe un coup.
SALTABADIL.
Ma sœur, l'heure sonne à l'horloge voisine.
Deux autres coups.
C'est onze heures trois quarts. Personne avant minuit
Ne viendra. Tu n'entends au dehors aucun bruit? [re-
Il faut pourtant finir, je n'ai plus qu'un quart d'heu-
Il met le pied sur l'escalier. Maguelonne le retient en sanglotant.
MAGUELONNE.
Mon frère, encore un peu!
BLANCHE.
Quoi! cette femme pleure!
Et moi, je reste là, qui peux le secourir?
Puisqu'il ne m'aime plus, je n'ai plus qu'à mourir.
Eh bien! mourons pour lui.—
Hésitant encore.
C'est égal, c'est horrible!
SALTABADIL, *à Maguelonne*.
Non, je ne puis attendre enfin, c'est impossible!
BLANCHE.
Encor si l'on savait comme ils vous frapperont,
Si l'on ne souffrait pas! mais on vous frappe au front,
Au visage... Oh! mon Dieu!
SALTABADIL, *essayant toujours de se dégager de Maguelonne qui l'arrête.*
Que veux-tu que je fasse?
Crois-tu pas que quelqu'un viendra prendre sa place?
BLANCHE, *grelottant sous la pluie*.
Je suis glacée!
Se dirigeant vers la porte.
Allons!
S'arrêtant.
Mourir ayant si froid!
Elle se traîne en chancelant jusqu'à la porte, et y frappe un faible coup.
MAGUELONNE.
On frappe!
SALTABADIL.
C'est le vent qui fait craquer le toit.
Blanche frappe de nouveau.
MAGUELONNE.
On frappe!
Elle court ouvrir la lucarne et regarde au dehors.

SALTABADIL.
C'est étrange!
MAGUELONNE, *à Blanche*.
Holà! qu'est-ce?
A Saltabadil.
Un jeune homme.
BLANCHE.
Asile pour la nuit!
SALTABADIL.
Il va faire un fier somme!
MAGUELONNE.
Oui, la nuit sera longue.
BLANCHE.
Ouvrez!
SALTABADIL, *à Maguelonne*.
Attends!—Mortdieu!
Donne-moi mon couteau que je l'aiguise un peu.
Elle lui donne son couteau, qu'il aiguise au fer d'une faux.
BLANCHE.
Ciel! j'entends le couteau qu'ils aiguisent ensemble!
MAGUELONNE.
Pauvre jeune homme, il frappe à son tombeau.
BLANCHE.
Je tremble!
Quoi, je vais donc mourir!
Tombant à genoux.
O Dieu, vers qui je vais,
Je pardonne à tous ceux qui m'ont été mauvais,
Mon père, et vous, mon Dieu! pardonnez-leur de même,
Au roi François premier, que je plains et que j'aime,
A tous, même au démon, même à ce réprouvé
Qui m'attend là, dans l'ombre, avec un fer levé!
J'offre pour un ingrat ma vie en sacrifice.
S'il en est plus heureux, oh! qu'il m'oublie!—et puisse,
Dans sa prospérité que rien ne doit tarir,
Vivre long-temps celui pour qui je vais mourir!
Se levant.
—L'homme doit être prêt!
Elle va frapper de nouveau à la porte.
MAGUELONNE, *à Saltabadil*.
Hé! dépêche, il se lasse.
SALTABADIL, *essayant sa lame sur la table*.
Bon.—Derrière la porte attends que je me place.
BLANCHE.
J'entends tout ce qu'il dit! Oh!
Saltabadil se place derrière la porte, de manière qu'en s'ouvrant en dedans elle le cache à la personne qui entre sans le cacher au spectateur.
MAGUELONNE, *à Saltabadil*.
J'attends le signal.
SALTABADIL, *derrière la porte, le couteau à la main*,
Ouvre.
MAGUELONNE, *ouvrant, à Blanche*.
Entrez.
BLANCHE, *à part*.
Ciel! il va me faire bien du mal!
Elle recule.
MAGUELONNE.
Eh bien! qu'attendez-vous?
BLANCHE, *à part*.
La sœur aide le frère.
—O Dieu! pardonnez-leur! — Pardonnez-moi, mon [père!
Elle entre. Au moment où elle paraît sur le seuil de la cabane, on voit Saltabadil lever son poignard. La toile tombe.

ACTE CINQUIÈME.

Même décoration ; seulement, quand la toile se lève, la maison de Saltabadil est complétement fermée au regard : la devanture est garnie de ses volets. On n'y voit aucune lumière. Tout est ténèbres.

SCÈNE I.

TRIBOULET.

Il s'avance lentement du fond du théâtre, enveloppé d'un manteau. L'orage a diminué de violence. La pluie a cessé. Il n'y a plus que quelques éclairs et par moments un tonnerre lointain.

TRIBOULET, *seul*.

Je vais donc me venger ! — Enfin ! la chose est faite. —
Voici bientôt un mois que j'attends, que je guette,
Resté bouffon, cachant mon trouble intérieur,
Pleurant des pleurs de sang sous mon masque rieur.

Examinant une porte basse dans la devanture de la maison.

Cette porte… — Oh ! tenir et toucher sa vengeance ! —
C'est bien par là qu'ils vont me l'apporter, je pense !
Il n'est pas l'heure encor. Je reviens cependant.
Oui, je regarderai la porte en attendant.
Oui, c'est toujours cela. —

Il tonne.

Quel temps ! nuit de mystère !
Une tempête au ciel ! un meurtre sur la terre !
Que je suis grand ici ! ma colère de feu
Va de pair cette nuit avec celle de Dieu.
Quel roi je tue ! — Un roi dont vingt autres dépendent,
Des mains de qui la paix ou la guerre s'épandent !
Il porte maintenant le poids du monde entier.
Quand il n'y sera plus, comme tout va plier !
Quand j'aurai retiré ce pivot, la secousse
Sera forte et terrible, et ma main qui la pousse
Ébranlera long-temps toute l'Europe en pleurs,
Contrainte de chercher son équilibre ailleurs ! —
Songer que si demain Dieu disait à la terre :
— O terre, quel volcan vient d'ouvrir son cratère ?
Qui donc émeut ainsi le chrétien, l'ottoman,
Clément-Sept, Doria, Charles-Quint, Soliman ?
Quel César, quel Jésus, quel guerrier, quel apôtre,
Jette les nations ainsi l'une sur l'autre ?
Quel bras te fait trembler, terre, comme il lui plaît ?
La terre, avec terreur, répondrait : Triboulet.
— Oh ! jouis, vil bouffon, dans ta fierté profonde,
La vengeance d'un fou fait osciller le monde !

Au milieu des derniers bruits de l'orage, on entend sonner minuit à une horloge éloignée. Triboulet écoute.

Minuit !

Il court à la maison et frappe à la porte basse.

VOIX DE L'INTÉRIEUR.

Qui va là ?

TRIBOULET.

Moi.

LA VOIX.

Bon.

Le panneau inférieur de la porte s'ouvre seul.

TRIBOULET.

Vite !

LA VOIX.

N'entrez pas.

Saltabadil sort en rampant par le panneau inférieur de la porte. Il tire, par une ouverture assez étroite, quelque chose de pesant, une espèce de paquet de forme oblongue, qu'on distingue avec peine dans l'obscurité. Il n'a pas de lumière à la main, il n'y en a pas dans la maison.

SCÈNE II.

TRIBOULET, SALTABADIL.

SALTABADIL.

Ouf ! c'est lourd. — Aidez-moi, monsieur, pour quel-
[ques pas.

Triboulet, agité d'une joie convulsive, l'aide à apporter sur le devant de la scène un long sac de couleur brune qui paraît contenir un cadavre.

— Votre homme est dans ce sac.

TRIBOULET.

Voyons-le ! quelle joie !
Un flambeau !

SALTABADIL.

Pardieu non !

TRIBOULET.

Que crains-tu qui nous voie ?

SALTABADIL.

Les archers de l'écuelle et les guetteurs de nuit.
Diable ! pas de flambeau ! c'est bien assez du bruit. —
L'argent !

TRIBOULET, *lui remettant une bourse.*

Tiens !

Examinant le sac étendu à terre pendant que l'autre compte.

Il est donc des bonheurs dans la haine !

SALTABADIL.

Vous aiderai-je un peu pour le jeter en Seine ?

TRIBOULET.

J'y suffirai tout seul.

SALTABADIL, *insistant.*

A nous deux, c'est plus court.

TRIBOULET.

Un ennemi qu'on porte en terre n'est pas lourd.

SALTABADIL.

Vous voulez dire en Seine ? Hé bien, maître, à votre
[aise !

Allant à un point du parapet.

Ne le jetez pas là. Cette place est mauvaise.

Lui montrant une brèche dans le parapet.

Ici, c'est très-profond. — Faites vite. — Bonsoir.

Il rentre et ferme la maison sur lui.

SCÈNE III.

TRIBOULET.

TRIBOULET, *seul, l'œil fixé sur le sac.*

Il est là ! — Mort ! — Pourtant je voudrais bien le voir.

Tâtant le sac.

C'est égal, c'est bien lui. — Je le sens sous ce voile. —
Voici ses éperons qui traversent la toile. —
C'est bien lui ! —

Se redressant et mettant le pied sur le sac.

Maintenant, monde, regarde-moi.
Ceci c'est un bouffon, et ceci c'est un roi ! —
Et quel roi ! le premier de tous ! le roi suprême !
Le voilà sous mes pieds, je le tiens, c'est lui-même.
La Seine pour sépulcre, et ce sac pour linceul.
Qui donc a fait cela ?

Croisant les bras.

Hé bien oui, c'est moi seul. —
Non, je ne reviens pas d'avoir eu la victoire,
Et les peuples demain refuseront d'y croire.
Que dira l'avenir ? quel long étonnement
Parmi les nations d'un tel événement !
Sort, qui nous mets ici, comme tu nous en ôtes !
Une des majestés humaines les plus hautes,
Quoi, François de Valois, ce prince au cœur de feu,
Rival de Charles-Quint, un roi de France, un Dieu,
— A l'éternité près, — un gagneur de batailles
Dont le pas ébranlait les bases des murailles,

Il tonne de temps en temps.

L'homme de Marignan, lui, qui, toute une nuit,
Poussa des bataillons l'un sur l'autre à grand bruit,
Et qui, quand le jour vint, les mains de sang trempées,
N'avait plus qu'un tronçon de trois grandes épées,
Ce roi ! de l'univers par sa gloire étoilé,
Dieu ! comme il se sera brusquement en allé !
Emporté tout à coup, dans toute sa puissance,
Avec son nom, son bruit et sa cour qui l'encense,
Emporté, comme on fait d'un enfant mal venu,
Une nuit qu'il tonnait, par quelqu'un d'inconnu !
Quoi ! cette cour, ce siècle et ce règne, fumée !
Ce roi qui se levait dans une aube enflammée,
Éteint, évanoui, dissipé dans les airs !
Apparu, disparu, — comme un de ces éclairs !
Et peut-être demain des crieurs inutiles,
Montrant des tonnes d'or, s'en iront par les villes,
Et criront au passant, de surprise éperdu :
— A qui retrouvera François Premier perdu ! —
— C'est merveilleux ! —

Après un silence.

Ma fille, ô ma pauvre affligée,
Le voilà donc puni, te voilà donc vengée !
Oh ! que j'avais besoin de son sang ! un peu d'or,
Et je l'ai !

Se penchant avec rage sur le cadavre.

Scélérat ! peux-tu m'entendre encor ?
Ma fille, qui vaut plus que ne vaut ta couronne,
Ma fille, qui n'avait fait de mal à personne,
Tu me l'as enviée et prise ! tu me l'as
Rendue avec la honte, — et le malheur, hélas !

Eh bien ! dis, m'entends-tu ? maintenant, c'est étrange,
Oui, c'est moi qui suis là, qui ris et qui me venge !
Parce que je feignais d'avoir tout oublié,
Tu t'étais endormi ! — Tu croyais donc, pitié !
La colère d'un père aisément édentée ! —
Oh, non ! dans cette lutte, entre nous suscitée,
Lutte du faible au fort, le faible est le vainqueur.
Lui, qui léchait tes pieds, il te ronge le cœur !
Je te tiens.

Se penchant de plus en plus sur le sac.

M'entends-tu ? c'est moi, roi gentilhomme,
Moi, ce fou, ce bouffon, moi, cette moitié d'homme,
Cet animal douteux à qui tu disais : chien ! —

Il frappe le cadavre.

C'est que, quand la vengeance est en nous, vois-tu bien ?
Dans le cœur le plus mort il n'est plus rien qui dorme,
Le plus chétif grandit, le plus vil se transforme,
L'esclave tire alors sa haine du fourreau,
Et le chat devient tigre, et le bouffon bourreau !

Se relevant à demi.

Oh ! que je voudrais bien qu'il pût m'entendre encore,
Sans pouvoir remuer ? —

Se penchant de nouveau.

M'entends-tu ? je t'abhorre !
Va voir au fond du fleuve, où tes jours sont finis,
Si quelque courant d'eau remonte à Saint-Denis !

Se relevant.

A l'eau François Premier !

Il prend le sac par un bout et le traîne au bord de l'eau. Au moment où il le dépose sur le parapet, la porte basse de la maison s'entr'ouvre avec précaution, Maguelonne en sort, regarde autour d'elle avec inquiétude, fait le geste de quelqu'un qui ne voit rien, rentre et reparaît un instant après avec le Roi, auquel elle explique par signes qu'il n'y a plus personne là, et qu'il peut s'en aller. Elle rentre en refermant la porte, et le Roi traverse le fond du théâtre dans la direction que lui a indiquée Maguelonne. C'est le moment où Triboulet se dispose à pousser le sac dans la Seine.

TRIBOULET, *la main sur le sac.*

Allons !

LE ROI, *chantant au fond du théâtre.*

Souvent femme varie,
Bien fol est qui s'y fie.

TRIBOULET, *tressaillant.*

Quelle voix ! quoi ?
Illusions des nuits, vous jouez-vous de moi ?

Il se retourne et prête l'oreille, effaré. Le Roi a disparu ; mais on l'entend chanter dans l'éloignement.

VOIX DU ROI.

Souvent femme varie,
Bien fol est qui s'y fie.

TRIBOULET.

O malédiction ! ce n'est pas lui que j'ai !
Ils le font évader, quelqu'un l'a protégé,
On m'a trompé ! —

Courant à la maison, dont la fenêtre supérieure est seule ouverte.

Bandit !

La mesurant des yeux comme pour l'escalader.

C'est trop haut, la fenêtre !

Revenant au sac avec fureur.

Mais qui donc m'a-t-il mis à sa place, le traître !
Quel innocent ! — je tremble...

Touchant le sac.

Oui, c'est un corps humain !

Il déchire le sac du haut en bas avec son poignard ; il y regarde avec anxiété.

Je n'y vois pas ! — La nuit !

Se retournant égaré.

Quoi ! rien dans le chemin !
Rien dans cette maison ! pas un flambeau qui brille !

S'accoudant avec désespoir sur le corps.

Attendons un éclair.

Il reste quelques instants l'œil fixé sur le sac entr'ouvert, dont il a tiré Blanche à demi.

SCÈNE IV.

TRIBOULET, BLANCHE.

TRIBOULET.

Un éclair passe ; il se relève et recule avec un cri frénétique.

— Ma fille ! Ah Dieu ! ma fille !
Ma fille ! Terre et cieux ! c'est ma fille, à présent !

Tâtant sa main.

Dieu ! ma main est mouillée ! à qui donc est ce sang ?
— Ma fille ! — Oh ! je m'y perds ! c'est un prodige horri-
C'est une vision ! Oh non, c'est impossible, [ble !
Elle est partie, elle est en route pour Évreux !

Tombant à genoux près du corps les yeux au ciel.

O mon Dieu, n'est-ce pas que c'est un rêve affreux,
Que vous avez gardé ma fille sous votre aile,
Et que ce n'est pas elle, ô mon Dieu ! —

Un second éclair passe et jette une vive lumière sur le visage pâle et les yeux fermés de Blanche.

Si ! c'est elle !
C'est bien elle !

Se jetant sur le corps avec des sanglots.

Ma fille ! enfant ! réponds-moi, dis,
Ils t'ont assassinée ! oh ! réponds ! oh ! bandits !
Personne ici, grand Dieu, que l'horrible famille !
Parle-moi ! parle-moi ! ma fille ! ô ciel, ma fille !

BLANCHE, *comme ranimée aux cris de son père, entr'ouvrant la paupière et d'une voix éteinte.*

Qui m'appelle ?...

TRIBOULET, *éperdu.*

Elle parle ! elle remue un peu !
Son cœur bat, son œil s'ouvre, elle est vivante, ô Dieu !

BLANCHE.

Elle se relève à demi, elle est en chemise, toute ensanglantée, les cheveux épars. Le bas du corps, qui est resté vêtu, est caché dans le sac.

Où suis-je ?

TRIBOULET, *la soulevant dans ses bras.*

Mon enfant, mon seul bien sur la terre,
Reconnais-tu ma voix ? m'entends-tu ? dis ?

BLANCHE.

Mon père !...

TRIBOULET.

Blanche ! que t'a-t-on fait ? quel mystère infernal ? —
Je crains en te touchant de te faire du mal.
Je n'y vois pas. Ma fille, as-tu quelque blessure ?
Conduis ma main !

BLANCHE, *d'une voix entrecoupée.*

Le fer a touché — j'en suis sûre —
— Le cœur, — je l'ai senti...—

TRIBOULET.

Ce coup, qui l'a frappé ?

BLANCHE.

Ah ! tout est de ma faute, — et je vous ai trompé. —
— Je l'aimais trop, — je meurs — pour lui.

TRIBOULET.

Sort implacable !
Prise dans ma vengeance ! oh ! c'est Dieu qui m'accable !
Comment donc ont-ils fait ? ma fille, explique-toi.
Dis !

BLANCHE, *mourante.*

Ne me faites pas parler !

TRIBOULET, *la couvrant de baisers.*

Pardonne-moi. [penche !
Mais, sans savoir comment, te perdre ! — Oh ! ton front

BLANCHE, *faisant un effort pour se retourner.*

Oh !... de l'autre côté !... — J'étouffe !...

TRIBOULET, *la soulevant avec angoisse.*

Blanche ! Blanche !...
Ne meurs pas !...

Se retournant désespéré.

Au secours ! quelqu'un ! personne ici !
Est-ce qu'on va laisser mourir ma fille ainsi !
— Ah ! la cloche du bac est là, sur la muraille,
Ma pauvre enfant, peux-tu m'attendre un peu que j'aille
Chercher de l'eau, sonner pour qu'on vienne ? — un
[instant !

Blanche fait signe que c'est inutile.

Non, tu ne le veux pas ? — Il le faudrait pourtant !

Appelant sans la quitter.

Quelqu'un ! —

Silence partout. La maison demeure impassible dans l'ombre.

Cette maison, grand Dieu, c'est une tombe !

Blanche agonise.

Oh ! ne meurs pas ! enfant, mon trésor, ma colombe,
Blanche ! si tu t'en vas, moi, je n'aurai plus rien !
Ne meurs pas, je t'en prie !

BLANCHE.

Oh !...

TRIBOULET.

Mon bras n'est pas bien,
N'est-ce pas, il te gêne ? — attends que je me place
Autrement. — Es-tu mieux comme cela ? — Par grâce,
Tâche de respirer jusqu'à ce que quelqu'un
Vienne nous assister ! — Aucun secours ! aucun !

BLANCHE, *d'une voix éteinte et avec effort.*

Pardonnez-lui ! mon père...— Adieu !

Sa tête retombe.

TRIBOULET, *s'arrachant les cheveux.*

Blanche !... — Elle expire !

Il court à la cloche du bac et la secoue avec fureur.

A l'aide ! au meurtre ! au feu !

Revenant à Blanche.

Tâche encor de me dire
Un mot ! un seulement ! parle-moi, par pitié !

Essayant de la relever.

Pourquoi veux-tu rester ainsi le corps plié ? [morte !
Seize ans ! non, c'est trop jeune ! oh non ! tu n'es pas

Blanche! as-tu pu quitter ton père de la sorte?
Est-ce qu'il ne doit plus t'entendre? ô Dieu! pourquoi?

Entrent des gens du peuple, accourant au bruit avec des flambeaux.

Le Ciel fut sans pitié de te donner à moi.
Que ne t'a-t-il reprise au moins, ô pauvre femme,
Avant de me montrer la beauté de ton âme!
Pourquoi m'a-t-il laissé connaître mon trésor!
Que n'es-tu morte! hélas! toute petite encor,
Le jour où des enfants en jouant te blessèrent!
Mon enfant! mon enfant!

SCÈNE V.

LES MÊMES, HOMMES, FEMMES DU PEUPLE.

UNE FEMME.

Ses paroles me serrent
Le cœur!

TRIBOULET, *se retournant.*

Ah! vous voilà! vous venez maintenant!
Il est bien temps!

Prenant au collet un charretier, qui tient son fouet à la main.

As-tu des chevaux, toi, manant?
Une voiture? dis?

LE CHARRETIER.

Oui. — Comme il me secoue!

TRIBOULET.

Oui? Hé bien, prends ma tête, et mets-la sous ta roue!

Il revient se jeter sur le corps de Blanche.

Ma fille!

UN DES ASSISTANTS.

Quelque meurtre! un père au désespoir!
Séparons-les.

Ils veulent entraîner Triboulet, qui se débat.

TRIBOULET.

Je veux rester! je veux la voir!
Je ne vous ai point fait de mal pour me la prendre!
Je ne vous connais pas. — Voulez-vous bien m'en-
[tendre?

A une femme.

Madame, vous pleurez; vous êtes bonne, vous!
Dites-leur de ne pas m'emmener.

La femme intercède pour lui. Il revient près de Blanche.

TRIBOULET, *tombant à genoux.*

A genoux!
A genoux, misérable! et meurs à côté d'elle!

LA FEMME.

Ah! calmez-vous. Si c'est pour crier de plus belle,
On va vous remmener.

TRIBOULET, *égaré.*

Non, non! laissez! —
Saisissant Blanche dans ses bras.
Je croi
Qu'elle respire encore! elle a besoin de moi!
Allez vite chercher du secours à la ville.
Laissez-la dans mes bras, je serai bien tranquille.

Il la prend tout à fait sur lui et l'arrange comme une mère son enfant endormi.

Non! elle n'est pas morte! oh! Dieu ne voudrait pas.
Car enfin, il le sait, je n'ai qu'elle ici-bas.
Tout le monde vous hait quand vous êtes difforme,
On vous fuit, de vos maux personne ne s'informe,
Elle m'aime, elle! — elle est ma joie et mon appui.
Quand on rit de son père, elle pleure avec lui.
Si belle et morte! oh! non! — Donnez-moi quelque chose
Pour essuyer son front. —

Il lui essuie le front.

Sa lèvre est encor rose.
Oh! si vous l'aviez vue, oh! je la vois encor
Quand elle avait deux ans avec ses cheveux d'or!
Elle était blonde alors! —

La serrant sur son cœur avec emportement.

O ma pauvre opprimée!
Ma Blanche! mon bonheur! ma fille bien aimée!
Lorsqu'elle était enfant, je la tenais ainsi.
Elle dormait sur moi, tout comme la voici!
Quand elle s'éveillait, si vous saviez quel ange!
Je ne lui semblais pas quelque chose d'étrange,
Elle me souriait avec ses yeux divins,
Et moi je lui baisais ses deux petites mains!
Pauvre agneau! — Morte, oh non! elle dort et repose.
Tout à l'heure, messieurs, c'était bien autre chose,
Elle s'est cependant réveillée. — Oh! j'attend.
Vous l'allez voir rouvrir ses yeux dans un instant!
Vous voyez maintenant, messieurs, que je raisonne,
Je suis tranquille et doux, je n'offense personne,
Puisque je ne fais rien de ce qu'on me défend,
On peut bien me laisser regarder mon enfant.

Il la contemple.

Pas une ride au front! pas de douleurs anciennes! —
J'ai déjà réchauffé ses mains entre les miennes,
Voyez, touchez-les donc un peu!

Entre un médecin.

LA FEMME, *à Triboulet.*

Le chirurgien.

TRIBOULET, *au chirurgien qui s'approche.*

Tenez, regardez-la, je n'empêcherai rien.
Elle est évanouie, est-ce pas?

LE CHIRURGIEN, *examinant Blanche.*

Elle est morte.

Triboulet se lève debout d'un mouvement convulsif.

Elle a dans le flanc gauche une plaie assez forte.
Le sang a dû causer la mort en l'étouffant.

TRIBOULET.

J'ai tué mon enfant! j'ai tué mon enfant!

Il tombe sur le pavé.

FIN.

Paris, imprimé par Plon frères, 36, rue de Vaugirard.

www.ingramcontent.com/pod-product-compliance
Lightning Source LLC
Chambersburg PA
CBHW060619050426
42451CB00012B/2335